Herfried Marek - Ewald Neffe

NATIONALPARKS in Österreich

Entwicklung der Nationalparks

Anfang des 20. Jahrhunderts wurde in Schweden der erste europäische Nationalpark gegründet. Die von den USA ausgehende Idee fand weltweit Anklang und bis heute gehören mehr als 3.800 Gebiete dieser Schutzgebietskategorie an. In Österreich kann man auf eine mehr als 25-jährige Geschichte der Nationalparkbewegung zurückblicken. 1981 wurde mit dem Kärntner Teil des Nationalparks Hohe Tauern der älteste Nationalpark gegründet, der jüngste Nationalpark ist der Nationalpark Gesäuse mit dem Gründungsjahr 2002.

Derzeit bestehen in Österreich sechs Nationalparks, die mit insgesamt 2.376 km² rund 2,8% der Staatsfläche einnehmen. Der Nationalpark Neusiedler See-Seewinkel und der Nationalpark Thayatal sind grenzüberschreitend mit Ungarn bzw. Tschechien errichtet. Der Verzicht auf jede wirtschaftliche Nutzung auf mindestens 75% der Fläche ist eine Zielsetzung der österreichischen Nationalparkpolitik und Voraussetzung für die weltweite Anerkennung als Nationalpark durch die internationale Naturschutz-Union IUCN. Mittlerweile besitzen alle sechs österreichischen Nationalparks dieses Prädikat.

Ein Großteil der österreichischen Nationalparks stand zu Beginn im Spannungsfeld zwischen Naturschutz und wirtschaftlichen Überlegungen, wie beispielsweise der Wasserkraftnutzung oder Erschließungsprojekten für den Wintertourismus. Dem kooperativen Zusammenwirken von Umweltorganisationen, örtlicher Bevölkerung und politischen Entscheidungsträgern ist es zu verdanken, dass sich letztendlich der Schutzgedanke durchsetzen konnte.

Heute sind die österreichischen Nationalparks nicht nur Umweltbildungszentren, sondern auch erfolgreiche regionale Leitprojekte und Anziehungspunkte für Besucher aus aller Welt. Mit modernem Management und insgesamt mehr als 300 engagierten Mitarbeitern ist es gelungen, allen Bevölkerungsschichten und Altersgruppen ein hochwertiges Naturerlebnis anbieten zu können. Die Nationalparkverwaltungen besitzen ausgezeichnete Infrastruktur-Einrichtungen, wie Besucherzentren, Informationsstellen oder Forschungsstätten. Themenwege, Ausstellungen und Exkursionen runden das Programm für Besucher ab. Die jährlich erstellten Besucherbilanzen zeigen das große Interesse an diesen Angeboten. Jährlich sind etwa 80.000 Schüler im Rahmen von Projekttagen in den Nationalparks unterwegs. 2007 wurden knapp 400.000 Besucher in den Besucherzentren gezählt und an den zahlreichen Exkursionen und geführten Wanderungen nahmen 32.000 Naturinteressierte teil.

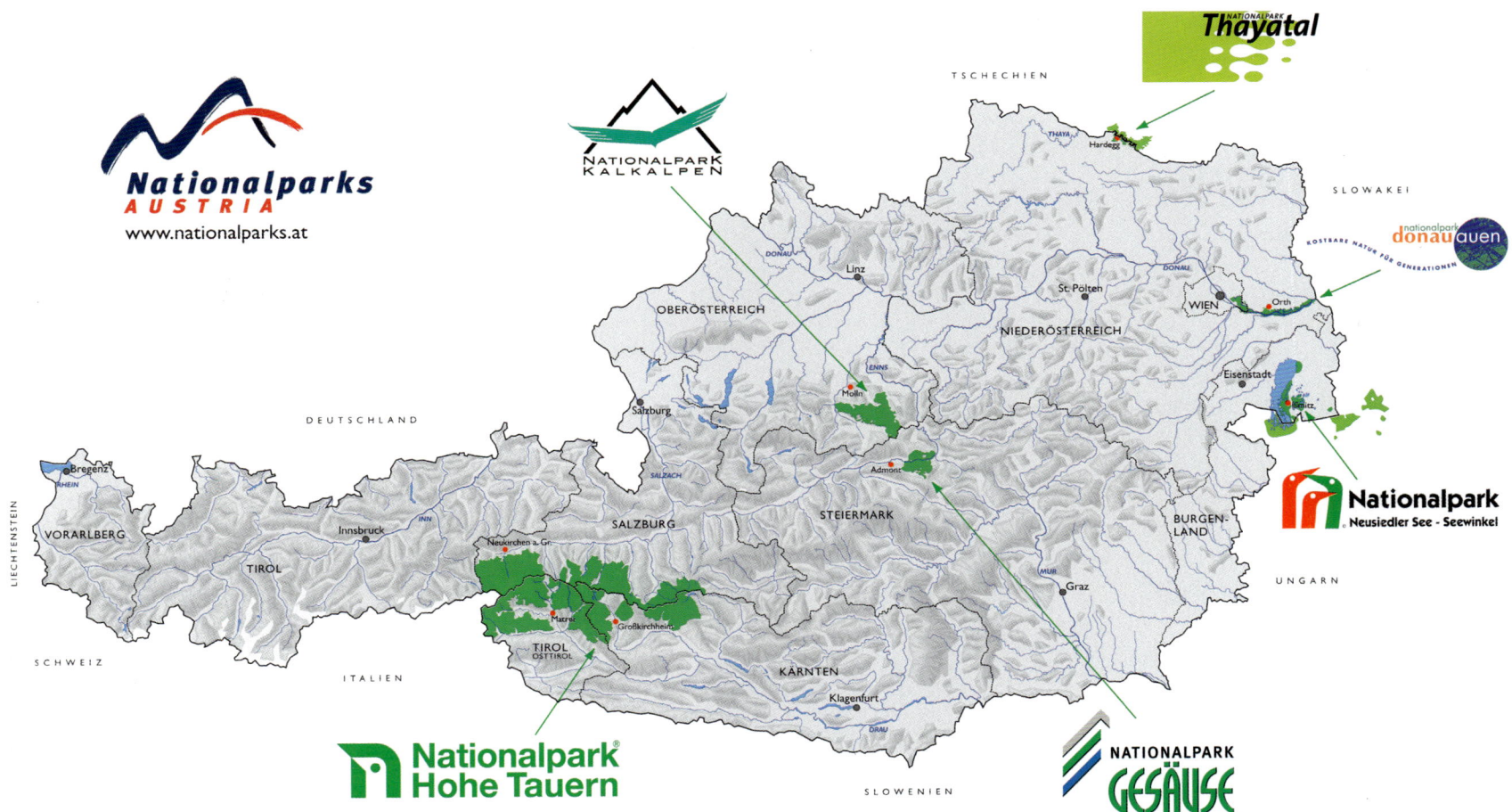

Der Nationalpark Hohe Tauern wurde 1981 eingerichtet und ist somit Österreichs erster Nationalpark.

Während der folgenden Jahrzehnte hat sich der Nationalpark - an ihm haben die drei Bundesländer Kärnten, Salzburg und Tirol Anteil - mit 1.836 km² zum flächengrößten Schutzgebiet der Alpen und größten Nationalpark Mitteleuropas entwickelt.

Die Unberührtheit des Hochgebirges mit seinen Gletschern, Bergseen und zahllosen Gipfeln formt eine Landschaft der Superlative.
Der Nationalpark Hohe Tauern befindet sich, und dies ist bei einem Schutzgebiet seiner Größe weltweit einzigartig, fast ausschließlich auf privatem Grundbesitz.
So hat die Nationalparkentwicklung immer im Zeichen eines partnerschaftlichen Miteinanders gestanden.
Dieser Weg eröffnete dem Nationalpark im Jahr 2001 die „Internationale Anerkennung" nach den Kriterien der Weltnaturschutzorganisation IUCN.

Die Hohen Tauern besitzen die mächtigsten Gebirgsgruppen und den höchsten Gipfel (Großglockner 3.798 m) Österreichs, die größten Gletscherflächen der Ostalpen sowie Wasserfälle, die zu den höchsten der Welt zählen.

Bemühungen, diese eindrucksvolle Region der österreichischen Zentralalpen unter Schutz zu stellen, reichen bis zum Beginn des 20. Jahrhunderts zurück.
Bereits 1918 kaufte der Österreichische Alpenverein rund 40 km² im Bereich des Großglockners. Konkrete Schritte zur Errichtung eines Nationalparks wurden 1971 gesetzt. Energiewirtschaftliche und touristische Projekte konnten dadurch abgewendet werden.

Charakteristisch für diesen Gebirgsraum sind ausgedehnte Gletscherfelder (rund 180 km²), eiszeitlich geformte Täler mit imposanten Talschlüssen, mächtige Schwemm- und Murenkegel, alpine Gras- und Strauchheiden aber auch ausgedehnte Wälder mit Lärchen, Fichten und Zirben. Als besonders eindrucksvolle Naturschauspiele präsentieren sich die zahlreichen unberührten Gletscherbäche, die im Sommer mit Urgewalt zu Tal stürzen.

Der Nationalpark Hohe Tauern bietet für eine Reihe von Vogelarten wichtige Rückzugsgebiete.
Neben dem Steinadler (Aquila chrysaetos) sind auch der Bart- und Gänsegeier (Gypaetus barbatus und Gyps fulvus) vertreten. Von den Säugetieren sind das Murmeltier (Marmota marmota), der Schneehase (Lepus timidus), aber auch der Steinbock (Capra ibex), von dem derzeit rund 400 Exemplare im Nationalparkgebiet vorkommen, zu finden.

Bemerkenswert im Nationalpark Hohe Tauern ist, dass neben der Naturlandschaft auch die Kulturlandschaft in die Schutzphilosophie einbezogen ist. Almmatten, Bergmähder aber auch sakrale und profane Kleinode - über Jahrhunderte durch die Hand der Bergbauern und -bäuerinnen entstanden und gepflegt - sind wichtige Schutzobjekte.

Der Nationalpark Hohe Tauern ist wie alle österreichischen Nationalparks für jedermann frei zugänglich und die Verwaltungen bieten ein reiches Exkursions- und Erlebnisangebot inmitten der Natur der Hohen Tauern. Verbotstafeln wird man nicht finden - im Vertrauen darauf, dass Natur und deren Schutz im Verantwortungsbewusstsein jedes einzelnen schon längst verankert ist.

Idee und Verwirklichung

Im Jahr 1872 wurde in den USA mit dem Yellowstone National Park der weltweit erste Nationalpark gegründet.

Die Idee herausragende Naturlandschaften von nationaler Bedeutung unter staatlichen Schutz zu stellen und diesen den Menschen „zur Freude und Erbauung" zu öffnen, begann sich fortan auf der ganzen Welt durchzusetzen.
Bis heute sind mehr als 3.000 Nationalparks entstanden, darunter berühmte Schutzgebiete wie die Serengeti, die Galapagos Inseln oder der Mt. Everest.

Werden & Entstehen

Wilde Urlandschaft und bergbäuerliche Kulturlandschaft. Das sind die beiden Gesichter des Nationalparks Hohe Tauern. Das Schutzgebiet erstreckt sich über weite, alpine Urlandschaften wie Gletscher, Felswände und Rasen sowie über die jahrhundertelang sorgsam und mühevoll gepflegten Almlandschaften.

Nach der letzten Eiszeit vor ca. 12.000 Jahren präsentierten sich die Hohen Tauern als öde Wüste aus Fels und Geröll. Nur zaghaft besiedelten Tiere und Pflanzen diesen neuen Lebensraum - vor allem Arten aus den zentralasiatischen Kältesteppen, aus dem arktischen Bereich und aus der sibirischen Tundra.

Sie lebten zuerst in den Tallagen und folgten dann, als die Temperaturen wieder anstiegen, den rückweichenden Gletschern hinauf in die Bergregion, wo sie heute in der Kernzone des Nationalparks bewundernswerte Lebensgemeinschaften an der Existenzgrenze allen Lebens bilden. In die Täler kehrte der Wald zurück - die Fichte aus dem Balkan, Lärche und Zirbe aus der asiatischen Taiga. So entstanden langsam die für die Alpen so typischen Vegetationsstufen. Eine Wanderung vom Tal hinauf in die Berge entspricht einer 4.000 Kilometer langen Reise in die Arktis.

Lebenskraft

Ein Drittel aller in Österreich vorkommenden Pflanzenarten und an die 10.000 Tierarten leben im Nationalpark Hohe Tauern. Acht Monate im Jahr herrscht tiefster Winter, Frühling und Herbst fallen nahezu aus. Hochgebirgslebewesen müssen Spezialisten in der Stressbewältigung sein. Viele von ihnen haben ganz spezielle Anpassungen im Körperbau, in der Physiologie und im Verhalten. Daher können sie nur hier überleben. Ein Ausweichen in andere Lebensräume ist nicht möglich. In den Sommermonaten aber strahlen die Hohen Tauern unglaubliche Lebenskraft aus.

Unzählige Blumen treiben kräftig gefärbte Blüten aus und locken mit intensiven Duftstoffen Insekten zur Bestäubung. Auf den Bergwiesen breiten sich schillernde Blütenmeere aus. Schneehühner versammeln sich auf Balzplätzen, Murmeltiere sonnen sich auf Steinplatten, Kolkraben führen regelrechte Kunstflüge durch.

Die Flora und Fauna präsentiert sich in all ihrer Pracht und Vitalität. Fast scheint es, als ob die Natur spüre wie kurz die „gute Zeit" ist. Daher sind Wanderungen in den sommerlichen Hohen Tauern ein Naturerlebnis der Extraklasse. Steinadler, Steinbock, Bartgeier, Edelweiß, Arnika, eine Vielzahl von Orchideen, uralte Zirben, knorrige Lärchen und viele andere mehr - sie alle passen so gut in diese prächtige Landschaft.

Extremlage

Trotz der strengen Lebensbedingungen beherbergen die Hohen Tauern eine Vielzahl von Biotoptypen, wie sie sonst nirgendwo in Österreich zu finden sind. Einige davon zählen zu den artenreichsten im alpinen Raum - wie zum Beispiel die bunten Bergmähder. Die Naturwunder des Nationalparks eröffnen sich Bergfreunden - vor allem auf hunderten Kilometern Wanderwegen - von beschaulichen Talwegen bis zu hochalpinen Trekkingrouten. Ein ganz besonderes Naturerlebnis ist es, sich den Besucherprogrammen des Nationalparks anzuvertrauen. Dazu steht Interessierten das Team der speziell ausgebildeten Nationalparkbetreuer zur Verfügung.

Gletscher - Landschaft im Wandel

Gletscher entstehen dort, wo die sommerlichen Temperaturen nicht ausreichen, um den im Winter gefallenen Schnee wieder abzuschmelzen.
So lagern sich Jahr für Jahr Schneeschichten übereinander, welche sich nach der Umwandlung in Firn durch zunehmenden Druck zu Eis verfestigen. Somit ist Gletschereis kein starrer Körper und fließt als zähe Masse der Schwerkraft folgend zu Tal. Durch das Überfließen von Geländekuppen entstehen Zerrkräfte, welche sich durch das Aufreißen von Spalten entladen.
Obwohl sich die Gletscher der Alpen seit Jahrzehnten im Rückzug befinden, beherbergen die Hohen Tauern noch heute eindrucksvolle Schätze des Eisgebirges, wie zum Beispiel den Pasterzengletscher, mit 9 km Länge und fast 19 km² Fläche, der größte Einzelgletscher Österreichs. Oder das Massiv des Großvenedigers, welches mit dem Eis der größten zusammenhängenden Gletscherfläche der Ostalpen gepanzert ist. Dort wo sich die Gletscher zurückgezogen haben, entsteht eine sich rasch verändernde Landschaft. Zuerst prägen noch vom Gletschereis aufgetürmte Schuttmoränen das Landschaftsbild, aber schon bald beginnen die Pioniere der Pflanzenwelt mit der Wiederbesiedelung dieses scheinbar so unwirtlichen Lebensraumes.

Weitere Informationen unter: www.hohetauern.at

Blick auf den 3.798 m hohen Großglockner.

Murmeltiere (*Marmota marmota*) können ihren Körper zum „Männchen" aufrichten; das wird durch die längeren, sehr beweglichen Hinterbeine ermöglicht. Die Vorderbeine lassen sich nun wie richtige Hände zur Behandlung der Nahrung oder zur Körperpflege einsetzen.

Schweizer Mannsschild
(*Androsace helvetica*)

Stängelloses Leimkraut
(*Silene acaulis*)

Steinböcke (*Capra ibex*) sind tagaktiv. Die Kitze bleiben 2-3 Jahre bei ihren Müttern. Dann verlassen die jungen Böcke die Gruppe und schließen sich den Männchenrudeln an.

Jüngere Böcke kämpfen den Sommer über viel miteinander. Damit festigen sie die Rangordnungsverhältnisse; da diese Kämpfe die Gegner nicht verletzen, sondern nur ein Kräftemessen darstellen, dienen sie der Vorbereitung auf die ernsteren Auseinandersetzungen zur Brunftzeit. Die Böcke richten sich dabei auf den Hinterläufen auf und werfen sich mit einer Schwenkbewegung des Kopfes nach vorn unten.

In 2.483 m Höhe liegt der zwischen flachen Rasenhügeln eingebettete Brettersee. Im Hintergrund der 3.018 m hohe Brennkogel.

Monduntergang im Nationalpark Hohe Tauern.

Die Pasterze ist mit etwa 9 km Länge der größte Gletscher Österreichs. Er befindet sich am Fuße des Großglockners im obersten Talboden des Mölltales (Pasterzenboden). Seit 1856 hat die Fläche des damals über 30 km² mächtigen Eismantels beinahe um die Hälfte abgenommen. An ihrem obersten Punkt bildet der 3.453 m hohe Johannisberg das Nährgebiet des Gletschers. Vorne blüht der Fetthennen- oder Bach-Steinbrech (*Saxifraga aizoides*).

Blick vom Wallackhaus Richtung Westen nach einem heftigen Gewitter.

Spotlicht vom Aussichtspunkt der Edelweißhütte.

Rostrote Alpenrose
(*Rhododendron ferrugineum*)

Einblütiges Hornkraut
(*Cerastium uniflorum*)

Gletscher-Nelke
(*Dianthus glacialis*)

Moos-Steinbrech
(*Saxifraga bryoides*)

Im Winter trägt der Schneehase (*Lepus timidus*) ein rein weißes Fell, hier auf dem Bild Ende Mai ist er mit einem grau-braunen Fell zu sehen; gesamt wechselt er dreimal im Jahr sein Haarkleid.

Der Steinbock (*Capra ibex*), das größte Säugetier im Nationalpark Hohe Tauern, von dem derzeit rund 400 Exemplare im Nationalparkgebiet vorkommen.

Hinter dem von der orangen Schmuckflechte (*Xanthoris sp.*) bewachsenen Felsen ragt die Westseite des 3.798 m hohen Großglockners empor.

Die Großgreifvögel der Alpen - Steinadler, Bartgeier und Gänsegeier werden mit Recht als die „Könige der Lüfte" bezeichnet. Der stolze Steinadler (*Aquila chrysaetos*) ist das Wappentier im Nationalpark Hohe Tauern. Derzeit gibt es 43 Brutpaare, mehr könnten es aufgrund der enormen Reviergrößen gar nicht sein. Das obige Bild zeigt einen jungen Steinadler kurz vor dem Verlassen des Horstes.

Kriech-Nelkenwurz, Kriechende Berg-Nelkenwurz oder Gletscher-Petersbart
(*Geum reptans*)

Klebrige Primel
(*Primula glutinosa*)

Die tagaktive Schneemaus (*Microtus nivalis*) ist nur oberhalb der Baumgrenze anzutreffen.

Majestätisch zieht der Bartgeier (*Gypaetus barbatus*) nach seiner erfolgreichen Auswilderung jetzt auch seine Kreise im Nationalpark Hohe Tauern.

Fetthennen- oder Bach-Steinbrech
(*Saxifraga aizoides*)

Krimmler Wasserfälle

Die Krimmler Ache stürzt sich in drei Stufen über die knapp 400 m hohe Mündungsstufe in das Krimmler Becken und zählt somit zu den höchsten Wasserfällen der Erde.

Vom 2.250 m hoch gelegenen Weißsee hat man einen herrlichen Ausblick auf die Gipfel der Kalser Tauern.

Der von Innergschlöß aus erreichbare Schlatenkees mit seinen faszinierenden Gletscherschliffen gehört zu den größten Gletschern Osttirols.

Der Rauriser Urwald im hintersten Hüttwinkltal.

Flechten sind Bioindikatoren, die sehr empfindlich auf negative Umwelteinflüsse reagieren.

Das wild und unnahbar erscheinende Gradental mit seinen zahlreichen Wasserfällen und türkisfarbenen Hochgebirgsseen zählt zu den imposantesten Landschaften im Nationalpark Hohe Tauern.

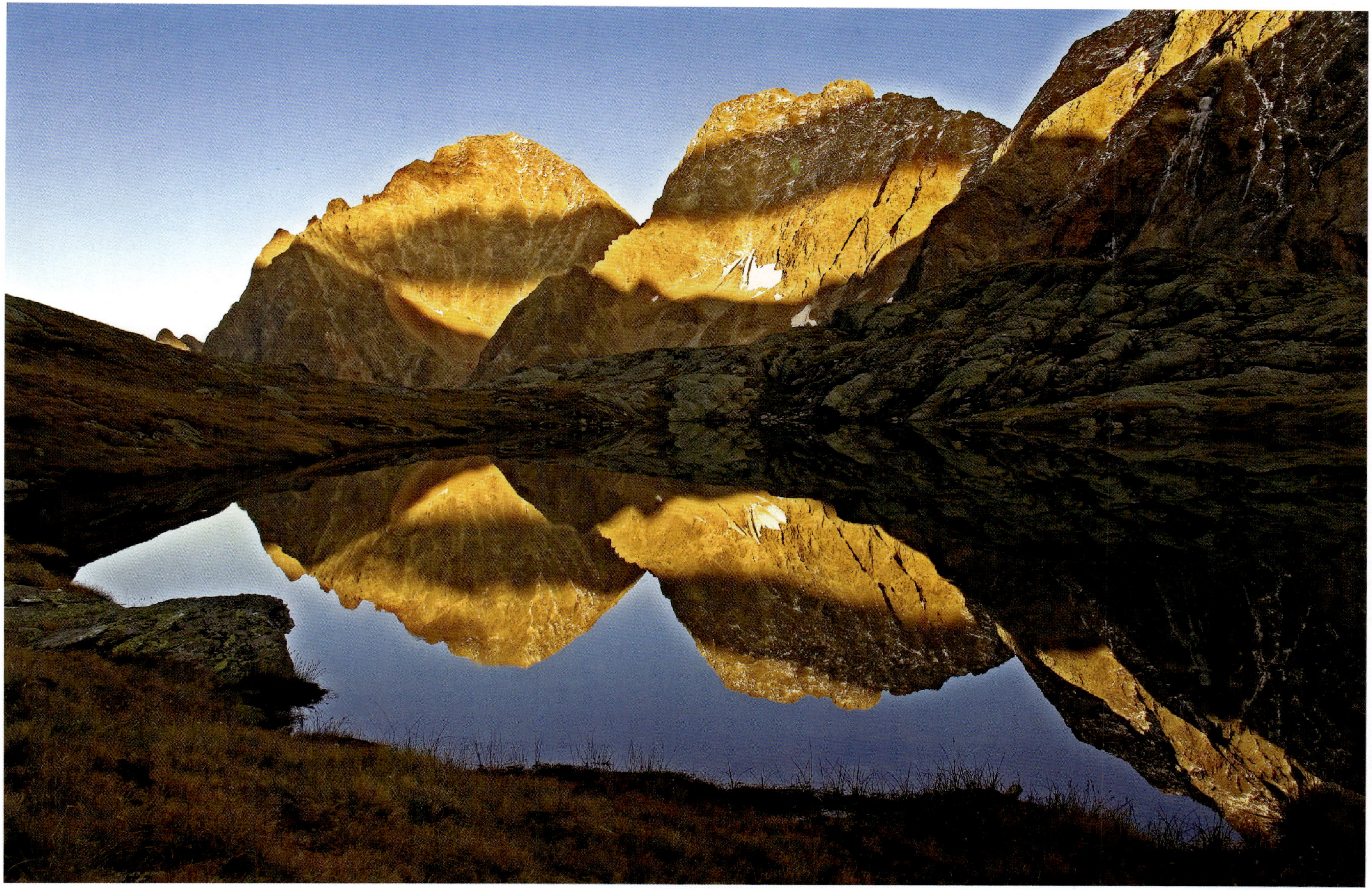

Gradental - im Tal der Dreitausender.

Auf dem Weg zur Nossberger Hütte (2.488 m) kann man den Tauern-Eisenhut (*Aconitum napellus subsp. tauricum*) bewundern.

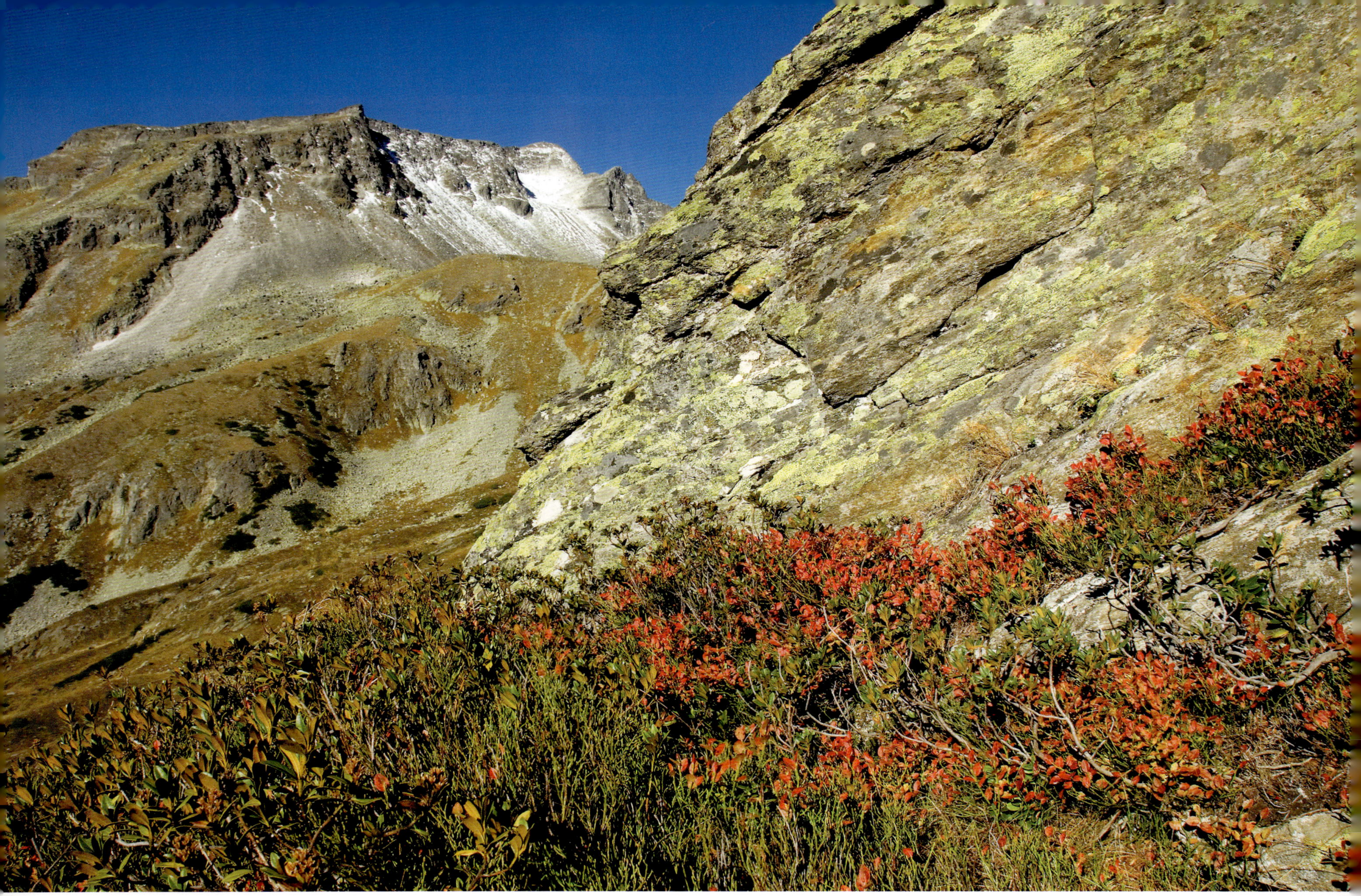

Blick auf die Hochalmspitze (3.360 m).

Der Gößgraben ist berühmt für seinen inneralpinen Laub-Mischwald, einem Relikt aus einer schon Jahrtausende zurückliegenden Warmzeit.

Die Lärche ist der einzige Nadelbaum, der im Herbst seine Nadeln verliert.

Die zu den Sperlingen gehörenden Schneefinken (*Montifringilla nivalis*) brüten vorwiegend in Felsritzen und Mauerlöchern im Hochgebirge.

Beim Kernbeißer (*Coccothraustes coccothraustes*) färbt sich in der Balzzeit bei beiden Geschlechtern der kräftige Schnabel stahlgrau und wird nach der Brutzeit wieder hellbraun.

Das im Salzburger Land gelegene Naturschutzgebiet Sieben Möser ist eine mit zahlreichen Tümpeln durchsetzte, weitgehend unberührte Moorlandschaft.

Das Ringhochmoor stellt einen seltenen Hochmoortypus dar und beherbergt eine überaus hohe Zahl an Tier- und Pflanzenarten.

Exkursionen zu den unzähligen Wasserfällen im Nationalpark Hohe Tauern stellen ein unvergessliches Erlebnis dar.

Der Zwillingsfall im Gößgraben.

Das Gschlößtal zählt zu den schönsten Talabschlüssen der Ostalpen.

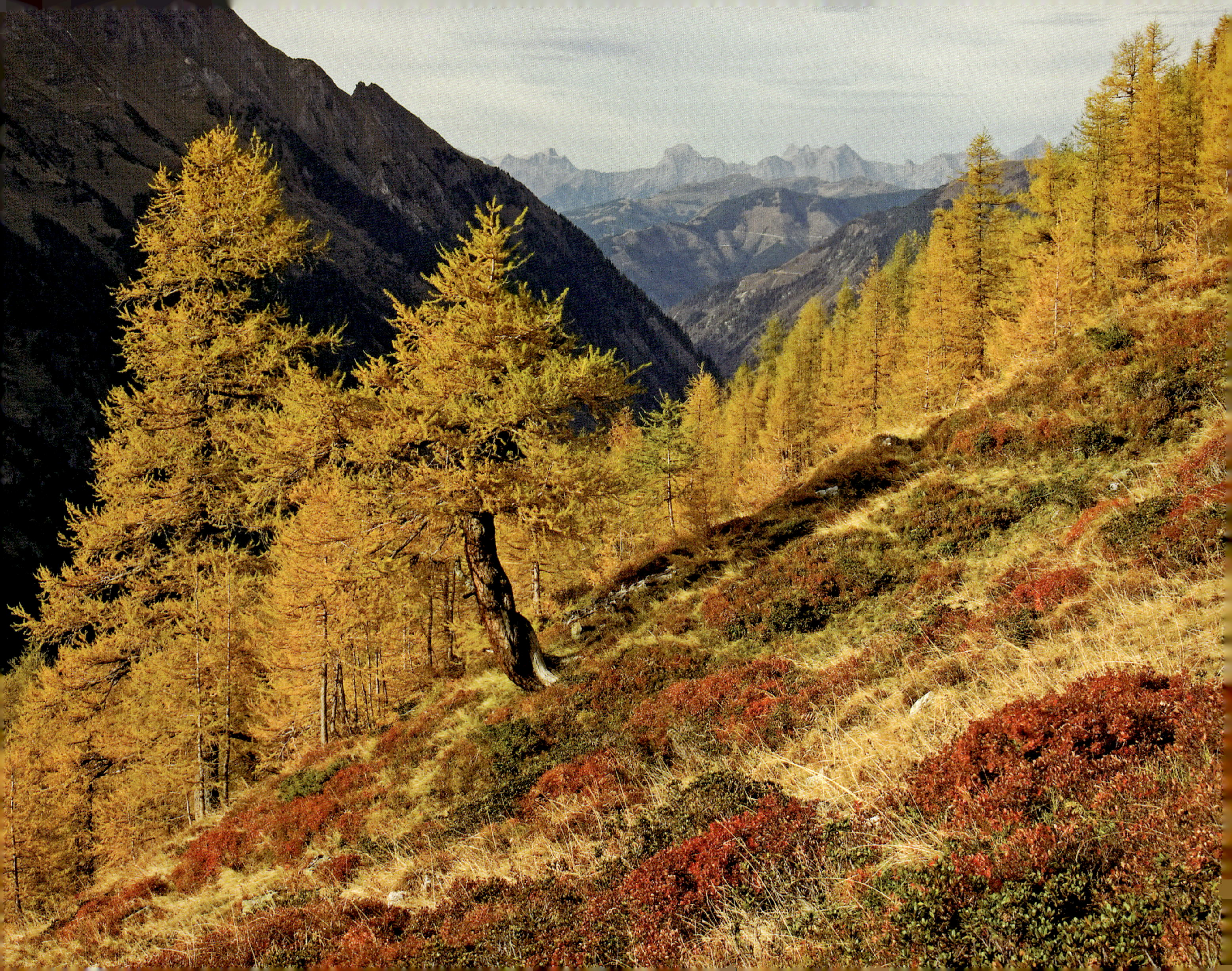

Der Herbst mit seinen goldgelben Lärchenwäldern fasziniert immer wieder aufs Neue die Besucher des Nationalpark Hohe Tauern.

Nationalpark
Neusiedler See - Seewinkel

1993 wurde der Nationalpark Neusiedler See-Seewinkel gegründet. Schon seit 1991 bestand auf ungarischer Seite der Fertö-Hanság Nemzeti Park. Das insgesamt mittlerweile rund 300 km² große Schutzgebiet ist nicht nur der erste grenzüberschreitende Nationalpark Österreichs, sondern auch der erste, der von der IUCN international anerkannt wurde.

Sieben Gemeinden (Andau, Apetlon, Illmitz, Neusiedl/See, Podersdorf, Tadten und Weiden/See) haben Anteil am Nationalpark Neusiedler See-Seewinkel. Die betreffenden Flächen - auf österreichischer Seite etwas mehr als 90 km² - sind nach wie vor im Eigentum der früheren Besitzer mit denen langfristige Pachtverträge abgeschlossen wurden. So kommt es, dass es rund 1.200 Flächenbesitzer im Nationalpark gibt.

50% der Nationalparkfläche (ca. 4.500 ha) umfasst die Naturzone, wo keine Nutzung stattfindet. Die Bewahrungszonen des Nationalparks hingegen sind großteils Kulturlandschaft und somit von landschaftspflegerischen Maßnahmen abhängig.
Eingeteilt werden diese Gebiete in 6 Bereiche: Apetlon-Lange Lacke (ca. 1.750 ha), Illmitz-Hölle (ca. 1.550 ha), Podersdorf-Karmazik (ca. 160 ha), Sandeck-Neudegg (ca. 460 ha), Waasen-Hanság (ca. 140 ha) und Zitzmannsdorfer Wiesen (ca. 650 ha).

Der Steppensee liegt zwischen den letzten, östlichsten Ausläufern der Alpen im Westen und dem westlichsten Teil der Kleinen Ungarischen Tiefebene, dem Seewinkel, im Osten. Die Staatsgrenze zwischen Österreich und Ungarn folgt also keinen naturräumlichen Gegebenheiten. Auch aus biologischer Sicht ist das Neusiedler See-Gebiet ein Grenzraum, geprägt von Elementen verschiedener Landschaftsräume: alpine, pannonische, asiatische, mediterrane und nordische Einflüsse machen sich bemerkbar, was zur hohen Artenvielfalt erheblich beiträgt.

Fünf verschiedene Landschaften gehören zum Naturraum Neusiedler See:

Im Westen begrenzt das Leithagebirge, bis 440 m hoch, auf einer Länge von etwa 30 km das Gebiet.
Im Norden liegt, etwa 40 m über dem Seebecken, die 200 km² große Schotterterrasse der Parndorfer Platte.
Im Südosten, größtenteils auf ungarischem Staatsgebiet, dehnt sich der Hanság auf etwa 460 km² aus.
Im Osten, zwischen Parndorfer Platte und Einserkanal, erstreckt sich die Tiefebene des Seewinkels auf ca. 450 km².
An der tiefsten Stelle der Kleinen Ungarischen Tiefebene liegt der Neusiedler See in einer abflusslosen Wanne auf rund 113 m (Seeboden), heute etwa 320 km² groß.

Die Entstehung des Gebietes und das herrschende Klima haben im Seewinkel ein Mosaik aus verschiedenen Bodentypen geschaffen. Zusätzlich zu den westlichsten Vertretern von Salzböden auf dem Eurasischen Kontinent liegen hier fruchtbare schwarzerdeartige und sandige Böden eng nebeneinander. Diese Vielfalt an verschiedenen Bedingungen wirkt sich auch positiv auf die Vielfalt der Pflanzengesellschaften.

Das Nordburgenland, speziell aber der Seewinkel, unterscheidet sich klimatisch gesehen stark von den meisten Regionen Österreichs. Zum einen liegt die durchschnittliche Jahresniederschlagsmenge von 600 mm weit unter den in anderen Gebieten gemessenen Werten, zum anderen können die Temperaturen im Jahresverlauf erheblich zwischen bis zu knapp 40°C im Sommer und knapp -20°C im Winter schwanken. Der Einfluss atlantischer Strömungen ist bereits deutlich abgeschwächt, es herrscht pannonisches, also leicht kontinental geprägtes Klima.

Der Wasserhaushalt des Neusiedler Sees und des umliegenden Gebietes ist fast ausschließlich durch Verdunstung und Niederschlag bestimmt. Es gibt keine größeren Flüsse, die Wasser in die Gegend bringen könnten. Über Jahrhunderte bestimmte das Auf und Ab der Wasserstände das Leben der Seewinkler Bevölkerung. Die Entwässerungsmaßnahmen der letzten 150 Jahre haben sich jedoch massiv auf den Wasserhaushalt im Gebiet ausgewirkt.
Der Neusiedler See ist der westlichste Steppensee Europas und zugleich der größte See Österreichs. Der den See umfassende Schilfgürtel stellt mit rund 178 km² den zweitgrößten zusammenhängenden Schilfbestand Europas dar. Die Gesamtfläche des Sees inklusive Schilfgürtel beträgt heute etwa 320 km², davon liegen ca. 4/5 auf österreichischem und 1/5 auf ungarischem Staatsgebiet. Der von Franz Werfel als „Österreichs seltsamer Gast" titulierte See und sein Schilfgürtel stellen für eine Reihe seltener Tierarten einen wichtigen Lebensraum dar.

Salzlacken findet man im europäischen Binnenland nur im Seewinkel und in Zentralungarn. Auf anderen Kontinenten gibt es zum Teil sehr große derartige Gewässer (Kasachstan, Mongolei, Australien, Etoscha-Pfanne), die Gesamtzahl solcher Gebiete bleibt dennoch eher gering. Die Erhaltung dieser einzigartigen Lebensräume stellt somit eine besonders wichtige Aufgabe dar. Zwischen Ostufer des Neusiedler Sees und dem Hanság liegen noch rund 45 Lacken, die wie kein anderes Landschaftselement den Charakter des Seewinkels prägen.

Im Südteil des Seewinkels befindet sich Österreichs größtes Salzbodengebiet mit einer Ausdehnung von rund 25 km². Die sodahältigen Salz- oder Zickböden (szik (ung.) = Soda) liegen vorwiegend im Seerandbereich und in den schotterfreien Flächen des zentralen Seewinkels. Dort, wo der salzführende Horizont nicht durch Schotter und Sandauflagen verdeckt ist, entsteht der sogenannte Solontschakboden.

Die durch Jahrhunderte lange Beweidung und Mahd entstandene steppenartige Kulturlandschaft ist nicht nur äußerst artenreich, sondern beherbergt auch eine Reihe seltener Pflanzen- und Tiergesellschaften. In Zusammenarbeit mit Landwirten aus der Region arbeitet der Nationalpark im Rahmen des Flächenmanagements an der Erhaltung dieser wertvollen Lebensräume.

Auf einer Länge von etwa 25 km erstreckt sich am Ostufer des Neusiedler Sees zwischen Weiden am See und dem Sandeck südwestlich von Illmitz der Seedamm. Es handelt sich dabei um einen bis zu 2 m hohen und bis zu 25 m breiten Sandwall. Seine Entstehung verdankt der Seedamm mächtigen Eisstößen, die große Mengen von lockeren Sanden bewegten und diese – entsprechend der Hauptwindrichtung Nordwest – am Ostufer des Sees ablagerten. Die sandigen Böden beherbergen eine besondere Fauna und Flora.

Der Hanság war früher Teil des Neusiedler Sees und verlandete mit der Zeit wobei sich ein Niedermoor entwickelte. Im 18. Jahrhundert wurde das Gebiet durch die Dammstraße von Pamhagen nach Fertöd (damals Esterháza) abgetrennt. Der weitgehend entwässerte österreichische Teil des Gebietes beherbergt heute Seltenheiten wie einen kleinen Bestand der Großtrappe (*Otis tarda*), des schwersten flugfähigen Vogels der Welt. Auch Sumpfohreule (*Asio flammeus*) und Wiesenweihe (*Circus pygargus*) finden hier Brutmöglichkeiten.

Über Jahrhunderte prägte die Viehwirtschaft das Landschaftsbild im Seewinkel. Große Flächen wurden als Hutweiden genutzt, andere Bereiche wurden gemäht um Winterfutter für die Tiere zu haben. Die durch diese Form der Nutzung entstandene Steppenlandschaft ist nicht nur äußerst artenreich, sondern beherbergt auch eine Reihe seltener Pflanzen- und Tiergesellschaften. Daher wird seitens des Nationalparks in Zusammenarbeit mit landwirtschaftlichen Betrieben aus der Region an der Erhaltung dieser wertvollen Lebensräume gearbeitet.

Bei der Beweidung im Rahmen des Nationalpark-Flächenmanagements kommen auch bedrohte alte Haustierrassen zum Einsatz. Das Ungarische Steppenrind, der Wasserbüffel, der Europäische Weiße Esel und das Mangalitza Schwein waren in früheren Jahrhunderten in der gesamten Region verbreitet. Die Weiterzucht in Nationalparks und Zoos stellt eine wichtige Stütze in der Erhaltung dieser Tiere dar. In Zusammenarbeit mit dem Zoo Schönbrunn in Wien grasen auch Przewalskipferde im Seewinkel.

Im Nationalparkgebiet wird an verschiedenen Lacken Schilfschnitt betrieben. Das geerntete Schilf wird zum Dachdecken verwendet oder zu Schilfmatten verarbeitet. Das wirtschaftliche Interesse gilt ein- bis zweijährigen Jungschilfbeständen, wo die Halme groß und kräftig sind. Ein Großteil der Ernte wird exportiert, wobei die Niederlande und Norddeutschland die Hauptabnehmer sind.
Über Jahrhunderte hinweg war der Seewinkel von Wasserstandsschwankungen geprägt. Überschwemmungs- und Trockenperioden wechselten einander ab. Während der letzten 100 bis 150 Jahre wurden weite Teile des Gebiets trockengelegt, um eine gesicherte landwirtschaftliche Bearbeitung zu ermöglichen. Heute werden im Einvernehmen mit der Landwirtschaft in vielen Bereichen Rückstaumaßnahmen getätigt.

Der Neusiedler See, der Seewinkel und der Hanság bilden gemeinsam eines der berühmtesten und bedeutendsten Vogelparadiese Europas. Die Erklärung zum RAMSAR-Gebiet und zum Important Bird Area unterstreichen die Wichtigkeit dieses Gebietes speziell für den Vogelschutz.

Wann findet der Vogelzug am Neusiedler See statt?

Eigentlich das ganze Jahr über. Die ersten Brutvögel, die hier schon Anfang Februar ankommen, sind Star, Feldlerche und Kiebitz; die am spätesten (Anfang Mai) ankommenden Arten sind die aus Südafrika heimkehrenden Bienenfresser und aus Südostasien ziehenden Zwergschnäpper oder Karmingimpel. Schon im August beginnen die Störche, die Mauersegler oder die Blauracke ihre große Reise nach Süden. Die Graugänse hingegen bleiben bei wärmerem Wetter bis in den Dezember, bevor sie nach Südeuropa ziehen.

Weitere Informationen unter: www.nationalpark-neusiedlersee-seewinkel.at

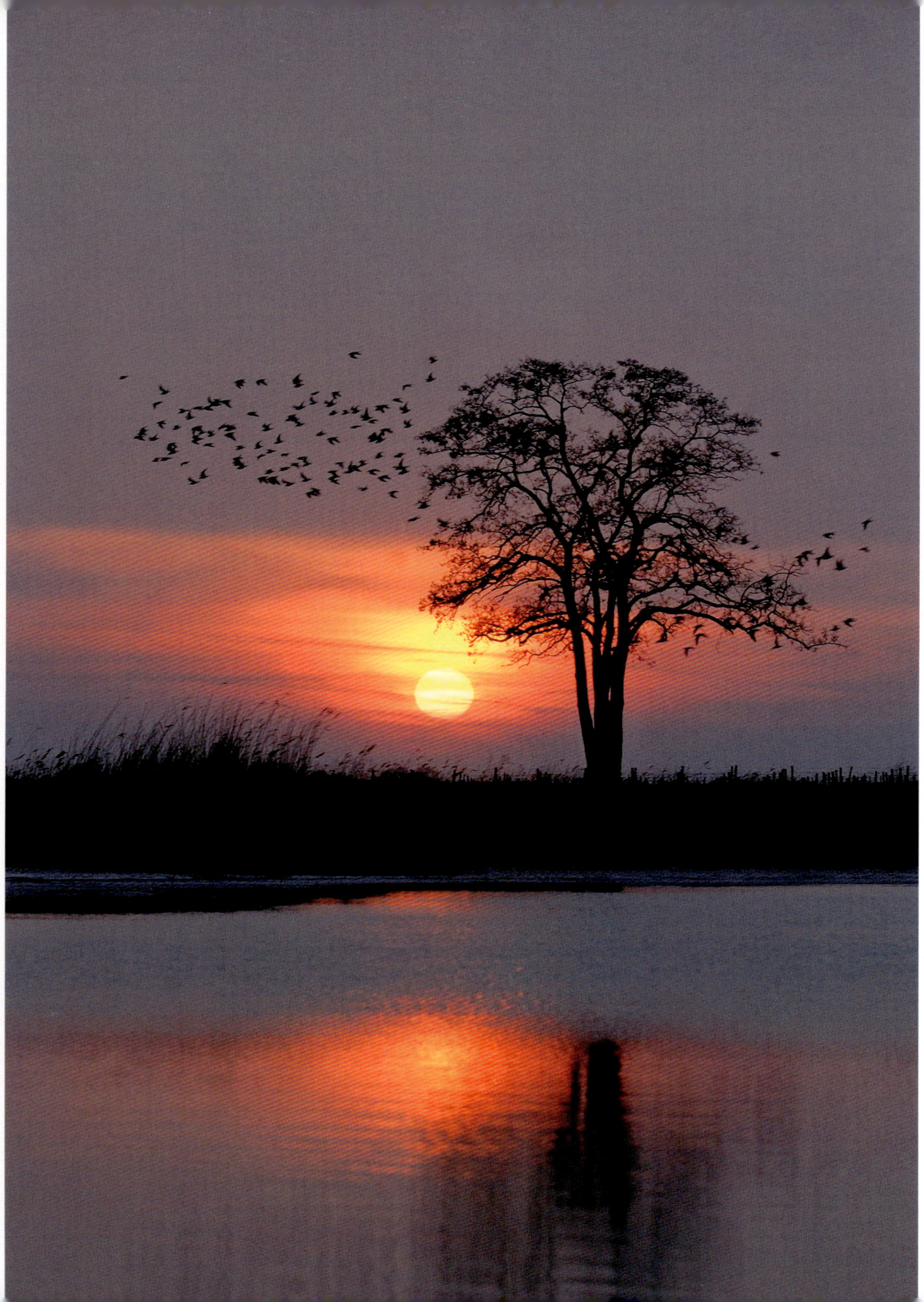

Sonnenuntergang am Warmsee.

Das Gebiet des Nationalpark Neusiedler See-Seewinkel stellt ein einzigartiges landschaftliches Ensemble von ausgedehnten Salzwiesen, Salzlacken, der endlos scheinenden Wasserfläche des Sees und den typischen Hutweiden dar, das an die Steppen Westasiens erinnert.

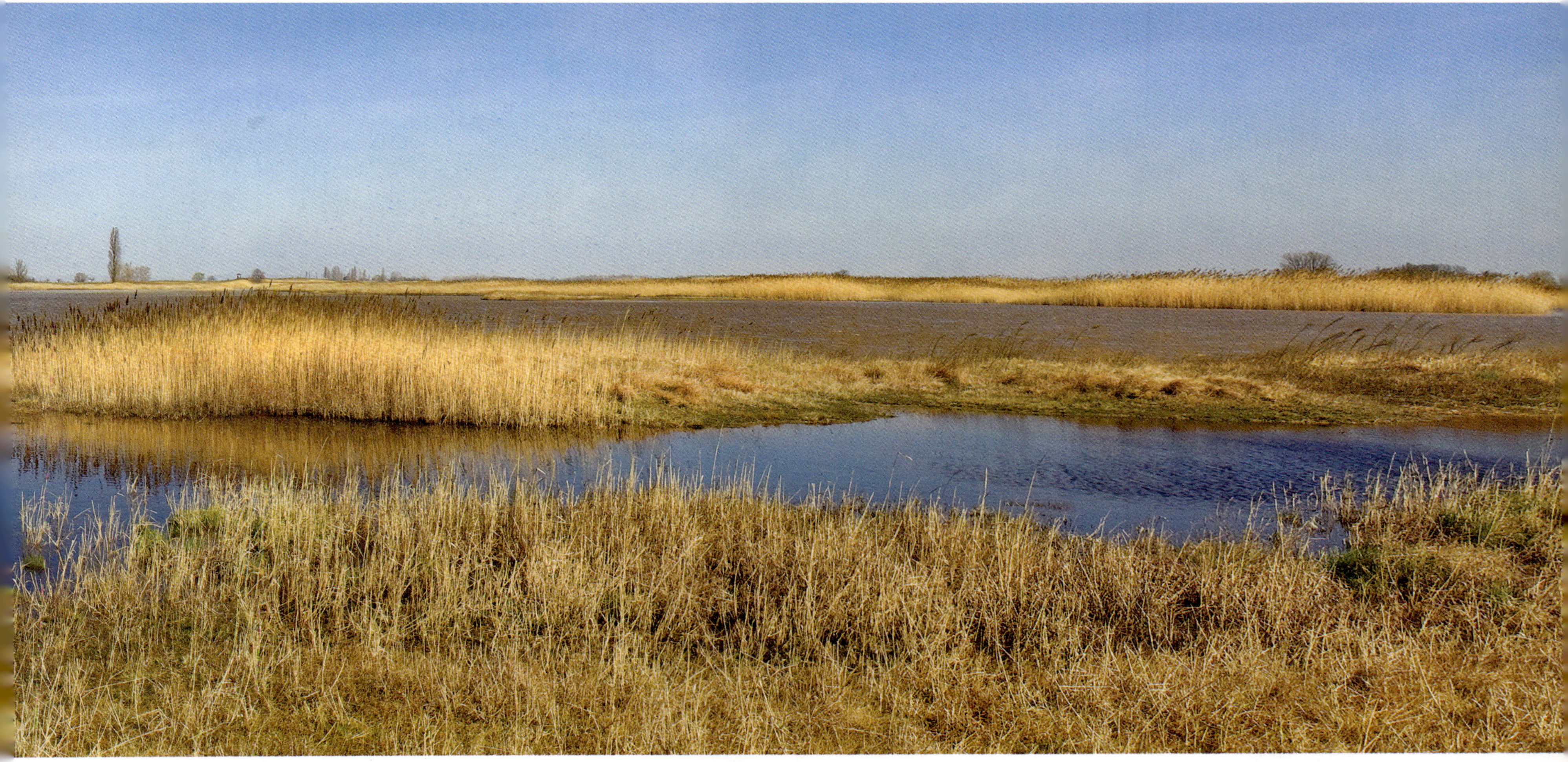

Im Südteil des Seewinkels befindet sich Österreichs größtes Salzbodengebiet mit einer Ausdehnung von rund 25 km². Die sodahältigen Salz- oder Zickböden liegen vorwiegend im Seerandbereich und in den schotterfreien Flächen des zentralen Seewinkels. Dort, wo der salzführende Horizont nicht durch Schotter und Sandauflagen verdeckt ist, entsteht der sogenannte Solontschakboden. Hier an der Zick-Lacke wächst der Queller (*Salicornia europaea*).

Die kurzschnäbligen Bluthänflinge (*Carduelis cannabina*) verzehren fast ausschließlich Samen von Kräutern und Stauden, besonders gerne mögen sie Raps. Die Weibchen sind bräunlicher gefärbt und stärker gestreift, ihnen fehlt stets das Rot auf Brust und Stirn.

Die zu den Zugvögel gehörenden Graugänse (*Anser anser*) ziehen im September und Oktober in Massen (Gänsestrich) in ihr Winterquartier. Ein Teil der Gänse verbleibt in milden Wintern jedoch im Nationalpark Neusiedler See.

Purpurreiher (*Ardea purpurea*) sind am Brutplatz sehr empfindlich gegenüber Störungen aller Art. Sie halten sich meist gut versteckt im Schilf. Die Trockenlegung vieler Flachgewässer und die Zerstörung von Uferzonen hat zu einer Vernichtung vieler Brutplätze geführt. In der Nahrung spielen Fische die wichtigste Rolle, daneben werden auch regelmäßig viele Wasserinsekten und deren Larven aufgenommen, weniger regelmäßig Amphibien, Reptilien, Kleinsäuger, Jungvögel und Weichtiere.

Die Seeuferstraße in Illmitz ist einer der wenigen Stellen am Neusiedler See wo der Schilfgürtel gut einsehbar ist.

Bei der Nahrungssuche fliegt die Sumpfohreule (*Asio flammeus*) in geringer Höhe, um das Gelände zu kontrollieren. Hat Sie ein Beutetier entdeckt, rüttelt sie zunächst oft kurz, um dann in einer eleganten Wendung herabzustoßen. Hier hat sie soeben eine Maus erbeutet.

Klebrige Nachtnelke
(*Silene viscosa*)

Der vorwiegend tagaktive Ziesel (*Spermophilus citellus*) sieht wie eine Miniaturausgabe des Murmeltiers aus. Macht häufig „Männchen" und hebt beim Davonlaufen den kurzen Schwanz an. Ziesel siedeln meist kolonieartig in selbstgegrabenen Erdbauen, die als lange Röhren in den Steppenboden führen und in einem Kessel enden. Hier wird ein gut ausgepolstertes Nest gebaut, in der auch die Nacht verbracht wird.

Der etwa taubengroße Kiebitz (*Vanellus vanellus*) ist einer der auffälligsten Bewohner offener Landschaften. Deckungsfreie und möglichst wenig durch Büsche und Bäume strukturierte Flächen bilden seine Brut- und Rastplätze.

Die Flussseeschwalbe (*Sterna hirundo*) ist in Mitteleuropa die häufigste Seeschwalbenart. Während der Balz unternehmen die Partner laut rufend ausgedehnte, rasante Luftjagden mit plötzlichen Wendungen und „Abstürzen" über dem Brutplatz - meist hält einer der beiden, wie im Bild zu sehen, einen Fisch im Schnabel, den er schließlich seinem Partner als Geschenk überreicht.

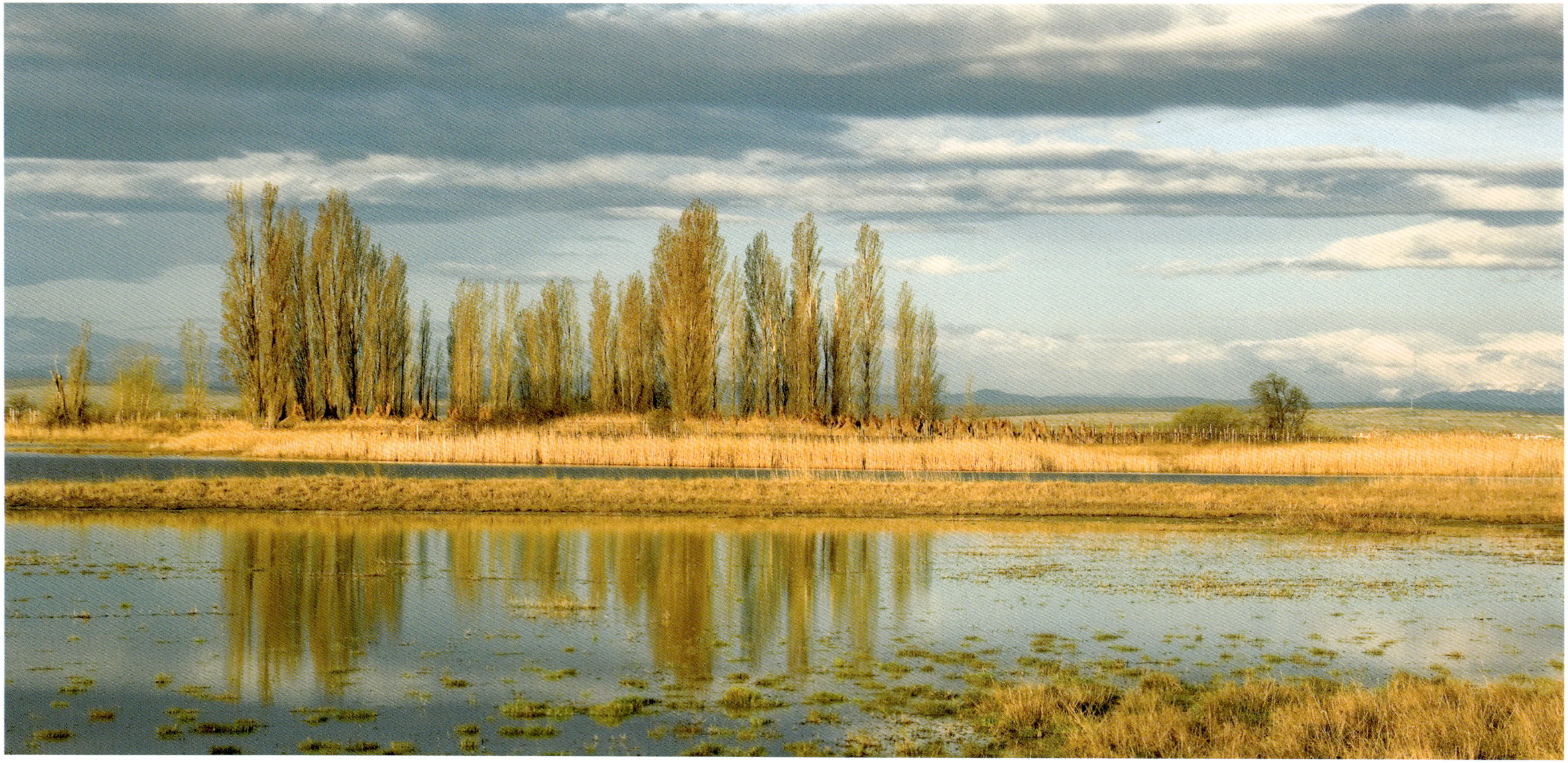

Bei den Stelzenläufern (*Himantopus himantopus*) brüten Männchen und Weibchen. Beide Partner führen auch die Küken, die gleich nach dem Schlüpfen das Nest verlassen. Das zweite Junge unter dem Gefieder des Altvogels ist kaum zu erkennen.

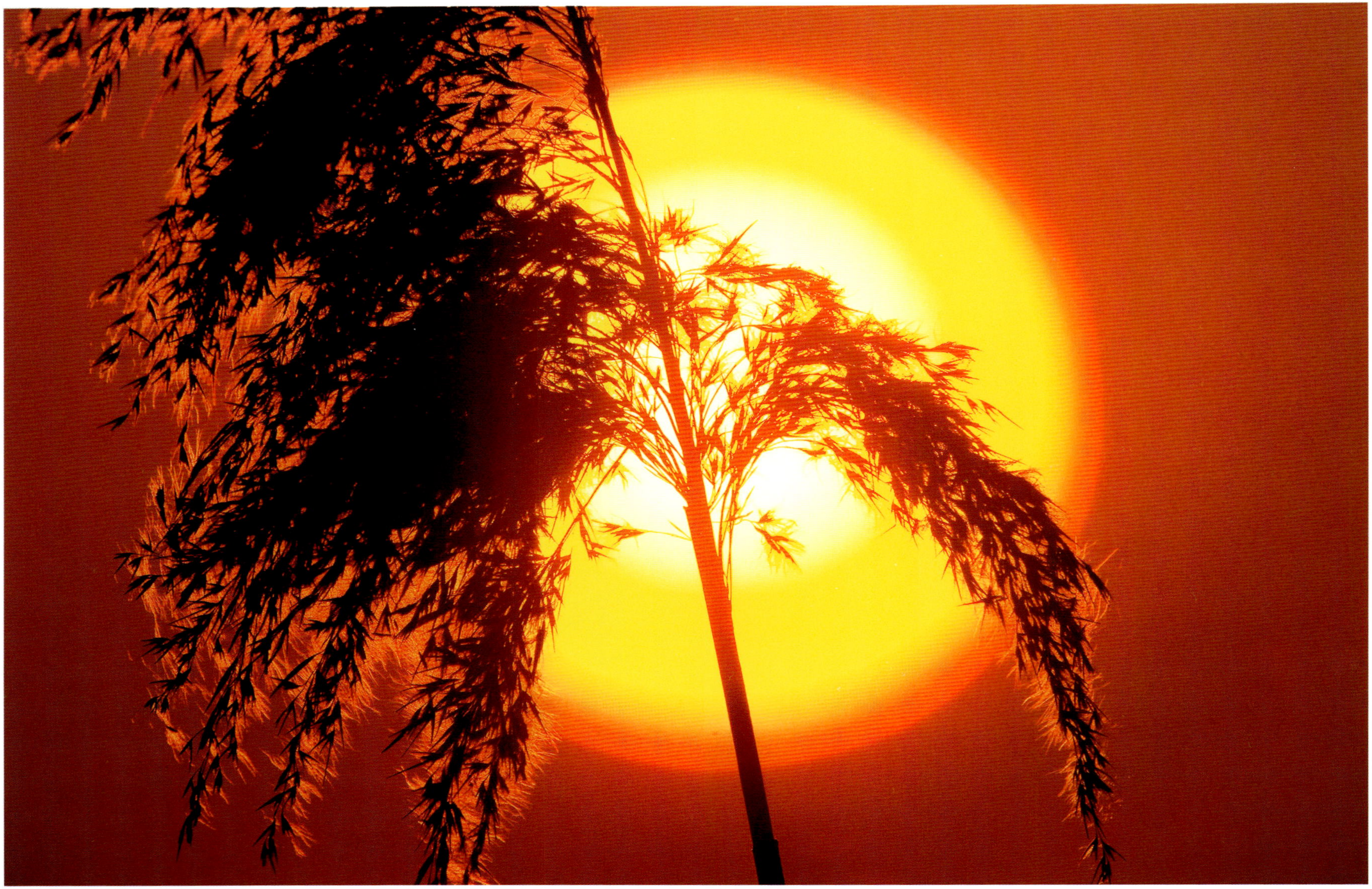

Waldohreulen (*Asio otus*) brüten stets auf Bäumen. Die jungen Eulen fixieren Dinge, die ihre Aufmerksamkeit erregt haben, mit eulentypischen Schlingerbewegungen des Kopfes; sie können dabei auch den Kopf bis zu 230 Grad verdrehen, ohne die Körperhaltung zu verändern. Sie halten sich nach dem Ausfliegen meist im Schutz der Baumkronen auf und zeigen sich kaum im Freien.

Obwohl der Wendehals (Jynx torquilla) zu den Spechten gehört, fehlen ihm doch einige familientypische Merkmale, wie Stützschwanz und starker Meißelschnabel. Spechte zimmern alljährlich eine neue Höhle - mit Ausnahme des Wendehalses. Er nistet in von Spechten übernommenen Höhlen oder Nistkästen, die Männchen und Weibchen gemeinsam auswählen. Die Nahrung besteht aus Insekten und Spinnen, vor allem aus Ameisen, die der Wendehals am Boden sucht. Mit dem Schnabel graben die Vögel Ameisenhaufen auf, mit der langen, klebrigen Zunge holen sie die Puppen und Insekten hervor. Die Jungen werden mit Futterballen gefüttert, die von einer dünnen Speichelschicht umhüllt sind und über 300 Insekten, Puppen und Larven enthalten können.

Wiedehopfe (*Upupa epops*) können wie Spechte an einem Baumstamm landen; dazu krallen sie sich mit den Zehen an der Rinde fest und stützen sich mit dem Schwanz ab. Junge Wiedehopfe wehren recht wirksam Nestfeinde, besonders Säugetiere, ab. Wenn die Vorwarnung, ein zischendes Fauchen, nicht ausreicht, spritzen sie dem Eindringling ihren dünnflüssigen, geruchlosen Enddarminhalt entgegen; gleichzeitig mit dem Kotspritzer tritt aus der Bürzeldrüse ein Tropfen einer übel riechenden Flüssigkeit aus.

Spinnen-Ragwurz
(*Ophrys sphegodes*)

Wanzen-Knabenkraut
(*Anteriorchis coriophora*)

Sumpf-Knabenkraut
(*Orchis palustris*) Farbvariante

Sumpf-Knabenkraut
(*Orchis palustris*)

Den auffallendsten Unterschied zum Feldhasen bilden beim Wildkaninchen (*Oryctolagus cuniculus*) neben der geringeren Größe die gerundeten, viel kürzeren Ohren. Üblicherweise graben sich Kaninchen verzweigte unterirdische Gänge. Hier schlafen sie in Kesseln und bringen ihre Jungen zur Welt. Wildkaninchen sind vorwiegend dämmerungs- und nachtaktiv.

Der Höhepunkt der Fortpflanzungszeit, die in der Jägersprache Rammelzeit heißt, fällt bei den Feldhasen (*Lepus europaeus*) meist in die Monate März und April. Bei guten Beständen kann man oftmals vier bis acht Hasen hintereinander in wilder Hetze über den Acker flitzen sehen. Hier kommt es mitunter zu regelrechten Boxkämpfen.

Graugänse (*Anser anser*) zwischen Mohn und Raps.

Mit seinem bunten Gefieder ist der Bienenfresser (*Merops apiaster*) unverwechselbar. Die Nahrung besteht aus Hautflüglern, Libellen, Käfern und Schwebfliegen, die sie im schwalbenähnlichen Flug erbeuten. Häufig starten sie dazu von einem Ansitz aus. Kleinere Insekten verschlucken sie noch im Flug, Bienen oder Wespen drücken sie auf der Sitzwarte das Gift aus der Drüse, da sie dagegen nicht immun sind.

Rohrdommeln (*Botaurus stellaris*) sind die am stärksten und vielseitigsten an das Leben im Schilf angepaßten Arten aus der Ordnung der Schreitvögel oder auch der Familie der Reiher. Die Vögel bewegen sich meist langsam und laufen gemessenen Schritts, oft verharren sie dabei auch eine Weile bewegungslos. Das dichte Schilf verlassen sie selten.

Die Uferschnepfe (*Limosa limosa*) ist im Flug in allen Kleidern an einem weißen Flügelstreif und einem weißen Schwanz mit breiter dunkler Endbinde zu erkennen. Regenwürmer, die mit dem langen Schnabel aus dem Boden geholt werden, bilden die Hauptnahrung während der Brutzeit. Uferschnepfen sind Mittel- bis Langstreckenzieher. Ab März ist mit der Ankunft im Nationalpark zu rechnen und bereits im Hochsommer werden die Brutplätze verlassen.

In der Körpergröße und auch in der Färbung ähneln stehende Bruchwasserläufer (*Tringa glareola*) auf den ersten Blick den etwas kurzbeinigeren und gedrungeneren Waldwasserläufern (*Tringa ochropus*). Die Oberseite ist aber nicht so dunkel. Dies fällt vor allem im Abflug auf, da dann der Kontrast zwischen Rücken und weißem Bürzel lange nicht so stark ins Auge fällt wie bei Waldwasserläufern, die übrigens auch dunklere Unterflügel haben.

Stelzenläufer (*Himantopus himantopus*) leben im Seichtwasserbereich und an weithin offen Flachufern, sowohl an natürlichen Binnengewässern mit Süßwasser oder salzhaltigen Steppenseen, als auch an Brackwasserlagunen, Salinen, Salzsümpfen, flachen Fisch- oder Klärteichen.

Der Flug des Weißstorches (*Ciconia ciconia*) wirkt wuchtig und etwas mühsam; er startet immer gegen den Wind. Störche sind horsttreu, aber nicht unbedingt gattentreu. Aus diesen Konflikten entwickeln sich oft Kämpfe, die auch in der Luft ausgetragen werden. Manche enden blutig, einzelne sogar tödlich.

Die Schafstelze (*Motacilla flava*) brütet fast ausschließlich im Flachland, nur selten über 500 m Höhe. Man findet sie vorwiegend in offenem, feuchtem Gelände sowie auf ausgedehnten, feuchten Wiesen- und Weideflächen und nicht zu intensiv bewirtschafteten Feldern und Äckern. Die Schafstelze sitzt im Brutgebiet gerne auf Hochstauden oder Büschen. Gerne erbeuten sie die Fliegen an Kuhfladen.

Auf dem Bild rechts ist ein Schwarzkehlchen (*Saxicola torquata*) Weibchen mit einer Spinne im Brustbereich zu sehen. In den letzten Jahrzehnten sind die mitteleuropäischen Bestände stark zurückgegangen. Inzwischen haben die Schwarzkehlchen gebietsweise wieder zugenommen. Ursache für diese erfreuliche Entwicklung ist sicher auch der Trend zu milden Wintern, denn die mitteleuropäischen Brutvögel sind Kurzstreckenzieher und erleiden daher in strengen Wintern oft große Verluste.

Heute ist der Fasan (*Phasianus colchicus*) in einigen Ländern Europas das häufigste und auch das größte Feldhuhn. Es stammt aber wie alle Fasane aus Asien. Die Männchen sind deutlich größer mit überlangem Schwanz und einem bunten Prachtkleid, das im Kopfbereich durch leuchtend rote Hautlappen ergänzt wird. Offene Landschaften mit ausreichender Deckung in wintermilden Tieflandgebieten sind die bevorzugten Lebensräume der eingeführten Fasane.

Sonnenaufgang im Hanság.

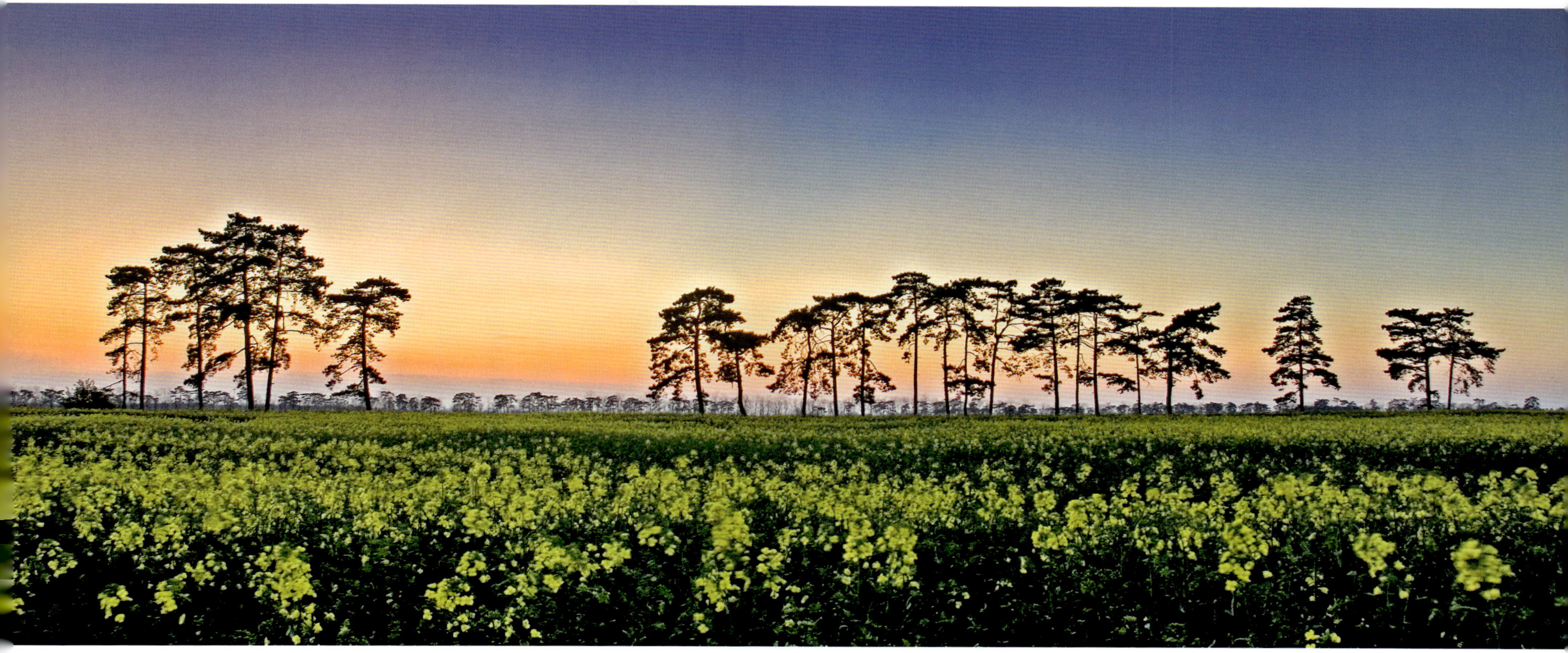

Spätherbstliche Vegetation in der Zick-Lacke bei Illmitz.

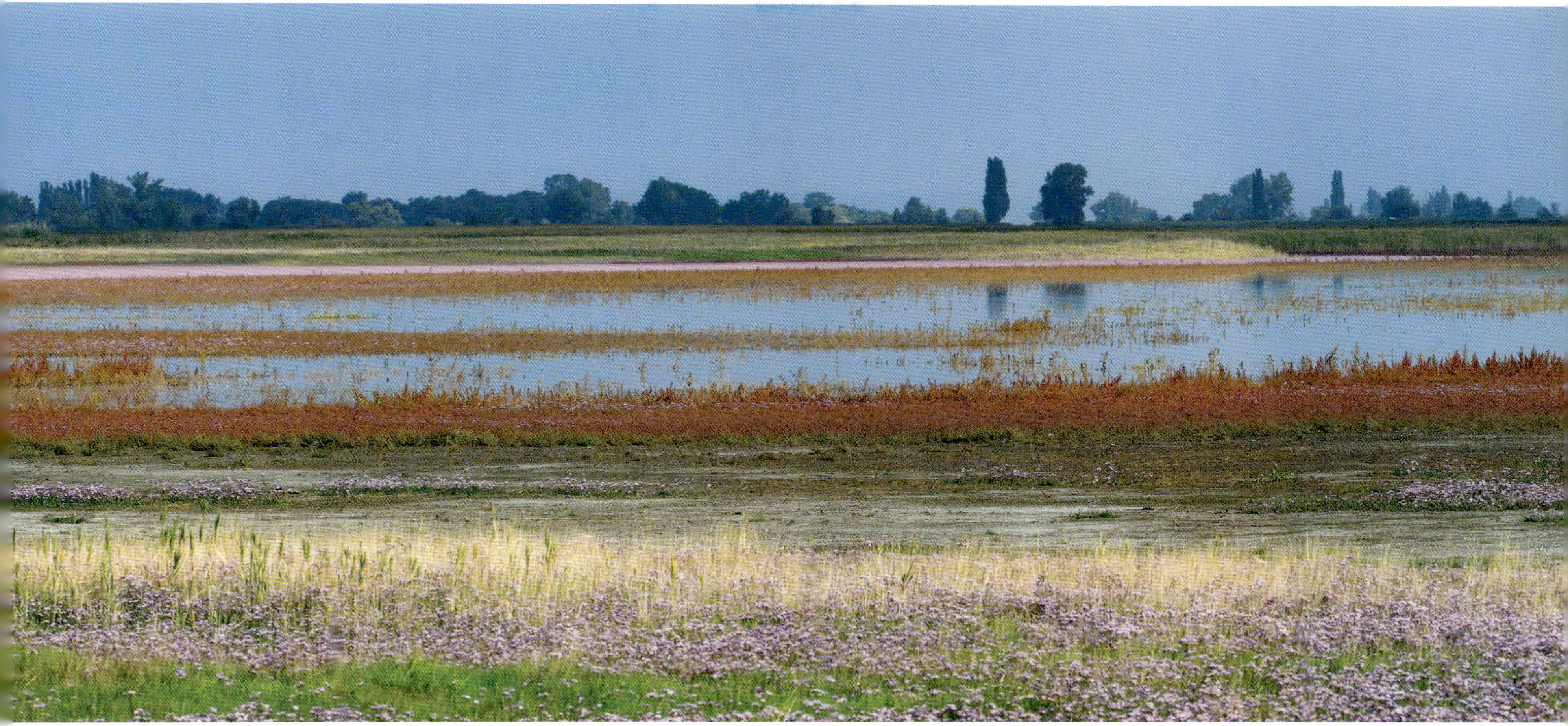

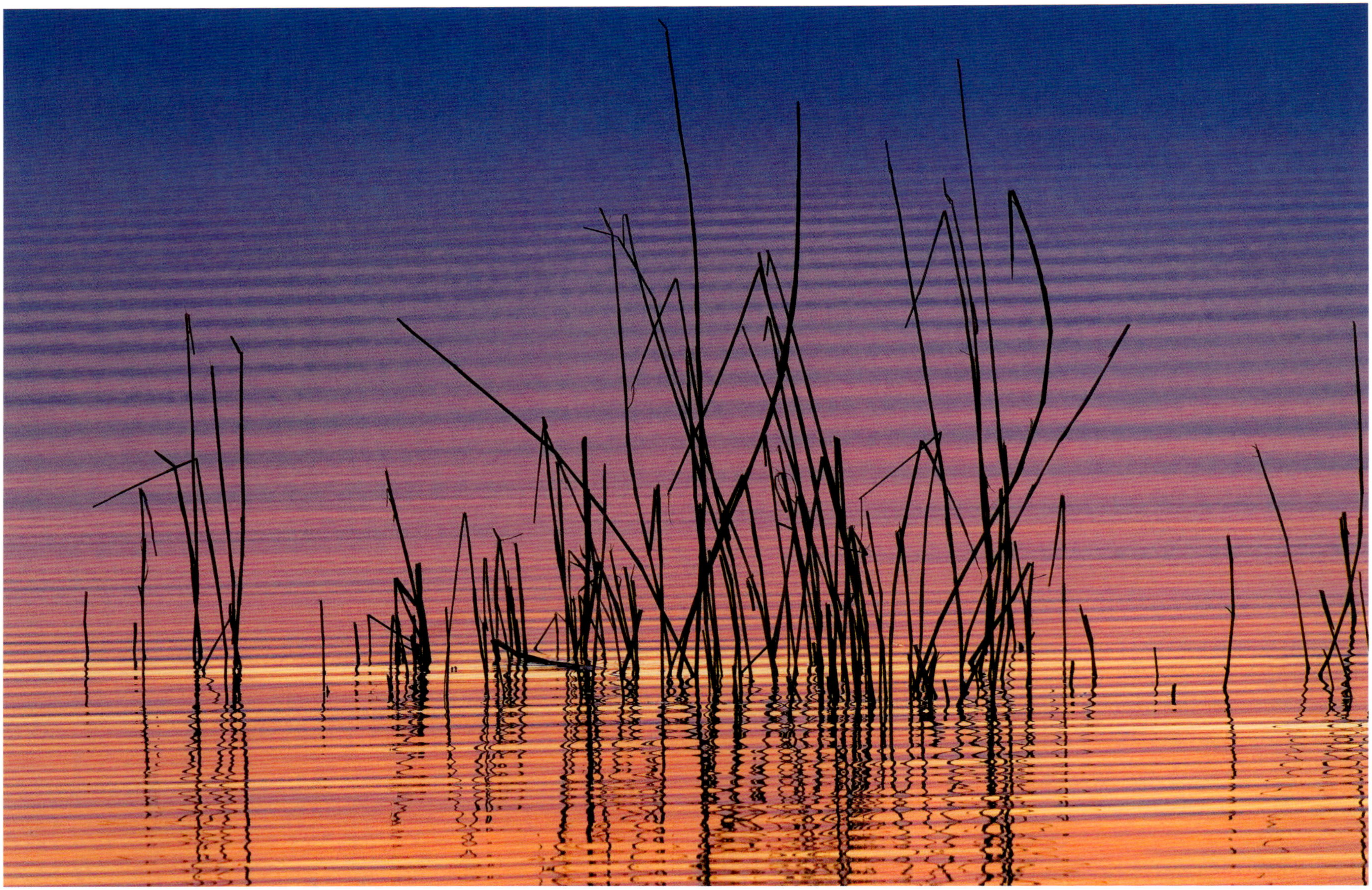

Sonnenaufgang am Apetloner Badeteich.

Rohrweihen (*Circus aeruginosus*) sind relativ schlanke Greifvögel, die mit mehr oder minder stark V-förmig nach oben gehaltenen Flügeln im gaukelnden Suchflug im offen Gelände jagen. Die Nahrung ist vielseitig. In der Brutzeit spielen vor allem Jungvögel und Nestlinge eine Rolle. Zum weiteren Nahrungsangebot zählen Eier, Wanderratten, junge Kaninchen, halbwüchsige Teich-, Bläss- und Rebhühner.

Winterliche Überflutung im Hanság.

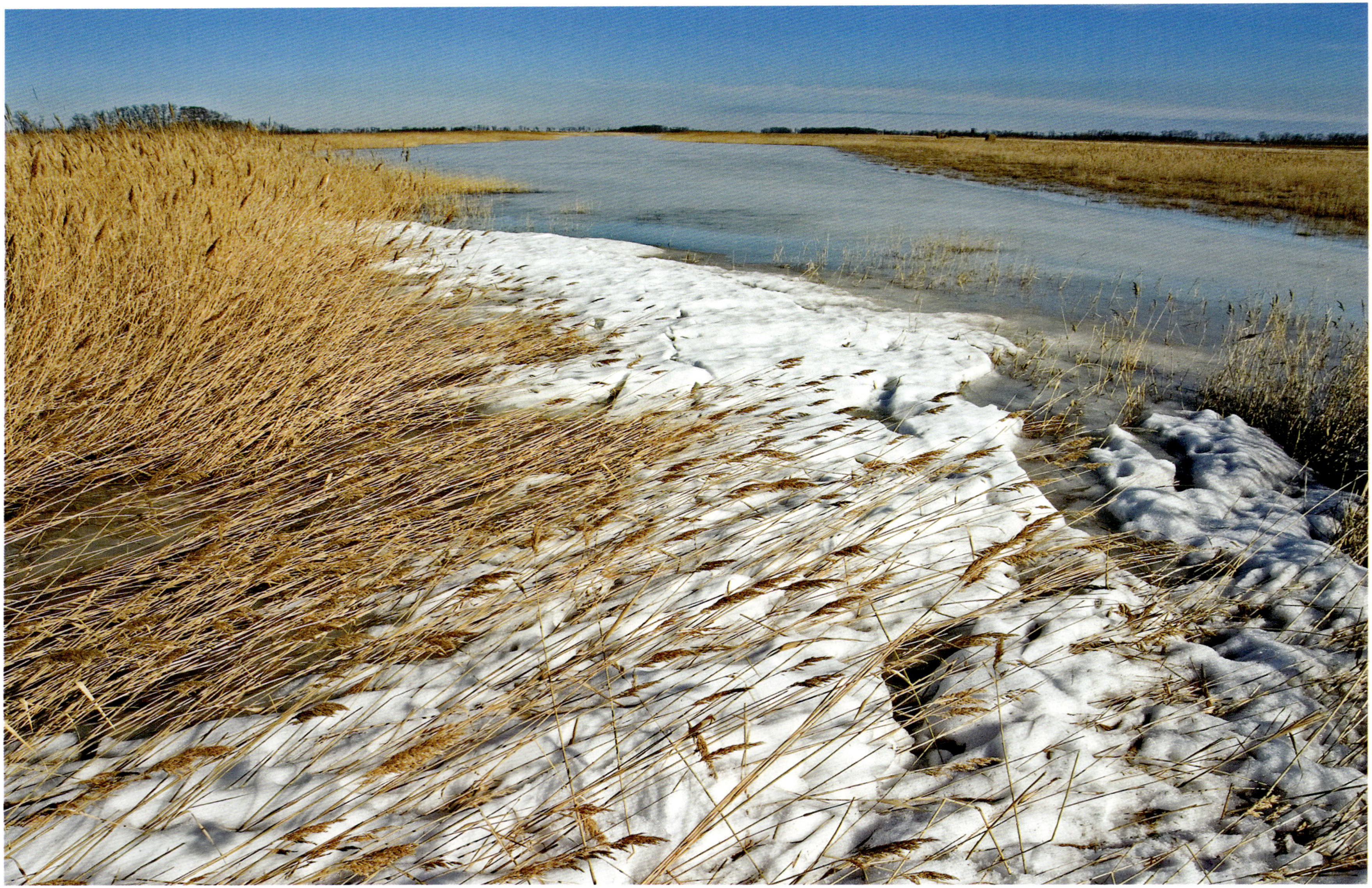

Die Großtrappe (*Otis tarda*) ist der schwerste flugfähige Vogel Europas. Die Hähne können bis zu 16 kg wiegen. Im Hanság findet diese Vogelart ein letztes Rückzugsgebiet. Die Bejagung dieser grazilen Geschöpfe wurde zu Beginn des Jahres 1969 wegen der starken Bestandsabnahme eingestellt. 1973 wurde ihr Brutplatz zum Vollnaturschutzgebiet erklärt. Seit einigen Jahren steigt auch der Bruterfolg dieser Teilpopulation wieder an.

Starke Winterstürme formen Schnee und Eis.

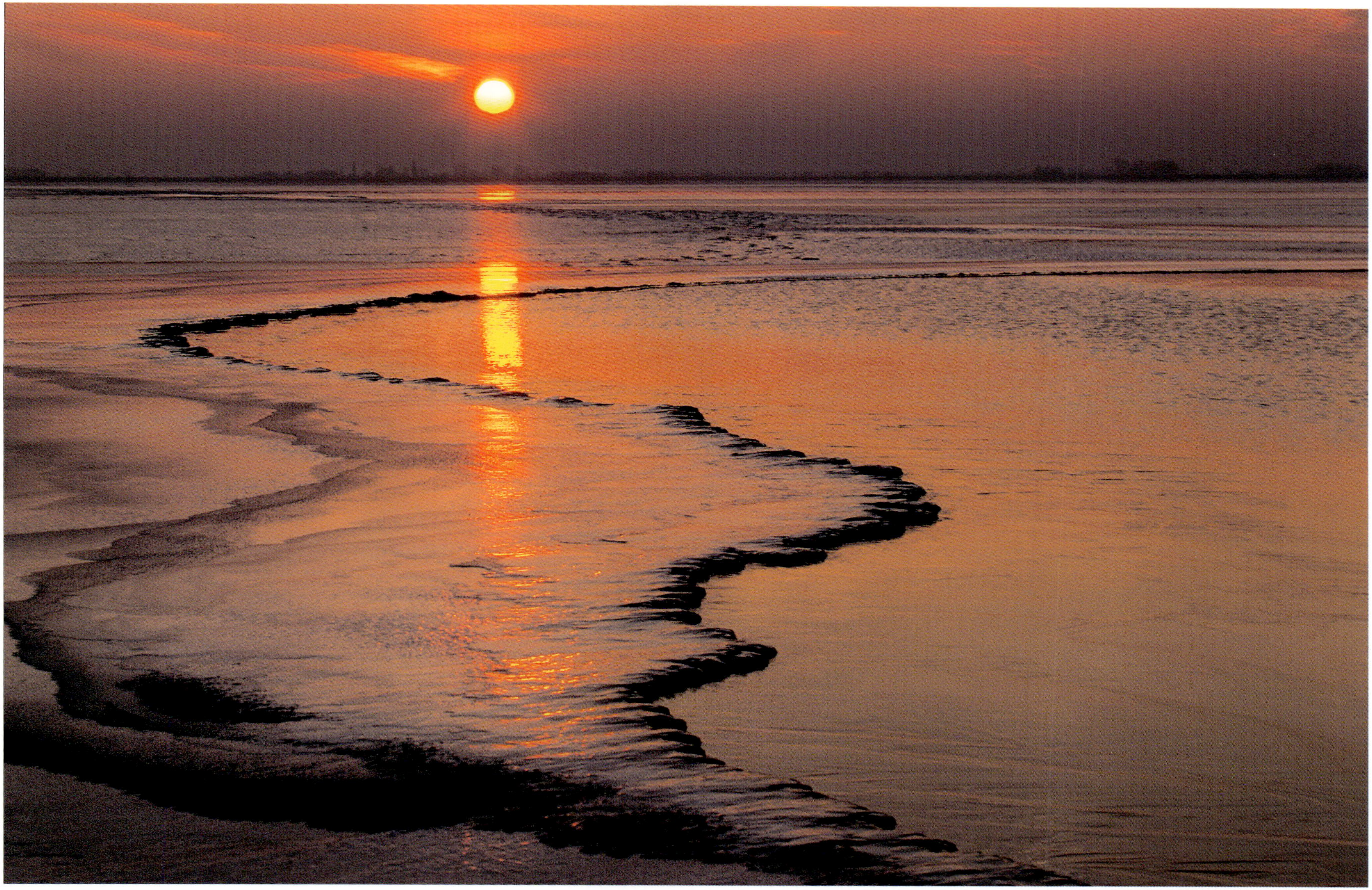

NATIONALPARK GESÄUSE

Der Nationalpark Gesäuse ist mit einer Fläche von 11.054 ha (ca. 110 km²) der drittgrößte und jüngste der insgesamt sechs österreichischen Nationalparks und wurde am 26. Oktober 2002 gegründet. Er liegt im Bereich der Ennstaler Alpen/Gesäuse und umfasst im Wesentlichen die zwei Gebirgsstöcke Buchsteinmassiv und Hochtorgruppe.
Mit über 99% der Fläche steht er im Eigentum der Steiermärkischen Landesforste, die restlichen Flächen stellen öffentliche Gewässer sowie eine Alm im Privatbesitz dar.

Die großartige Kulisse der Gesäuseberge und die unberührte Schluchtstrecke der Enns kennzeichnen das Gebiet und waren der Grund für die Unterschutzstellung als Nationalpark.
Der Name Gesäuse bezieht sich auf die Wildwasserstrecke des Flusses Enns am Gesäuseeingang, einem schluchtartigen Abschnitt zwischen Himbeerstein und Haindlmauer. Hier bildet sich ein für Mitteleuropa einzigartiger Katarakt aus.

Die Gemeinden Johnsbach, Weng, Admont, Landl, Hieflau und St. Gallen haben Anteil am Nationalpark und bilden die Nationalparkregion. Die naturräumlichen Einheiten bilden alpine Flächen mit Fels und alpinem Rasen, Wald bzw. Buschwald, Gewässer und Almwiesen.

86% des Nationalparks sind Naturzone, in der die Naturlandschaft zu erhalten bzw. zu fördern ist. Der übrige Anteil des Nationalparks stellt die Bewahrungszone dar, in der traditionelle Bewirtschaftung erlaubt und erwünscht ist.

Zahlreiche Almen bereichern die vielfältige Landschaft.

Bemerkenswert ist die hohe Reliefenergie des Geländes.
Das Hochtor, der höchste Gipfel (2.369 m) des Nationalparks, überragt den Talboden um fast 1.800 m mit scheinbar senkrecht aufsteigenden Felswänden.
Kalke und Dolomite sind die vorherrschenden Gesteinsarten. Sie bilden schroffe, markante Gipfel und Felswände, aber auch bizarre Landschaftselemente wie Felstürme, Felsfenster oder Höhlen aus.
Unter den Gipfeln verbergen sich an die 150 Höhlen, die bis in 600 m Tiefe reichen.
Eine Besonderheit des Gebietes ist auch die Dolomit Erosionslandschaft, wo durch die leichtere Verwitterbarkeit des Gesteins ein besonders strukturreicher und mit zahlreichen Schuttrinnen durchzogener Lebensraum entstanden ist.

Der Nationalpark weist eine außerordentliche Vielfalt an Biotoptypen auf. Diese reichen von den Auwäldern des Talbodens über die montanen Fichten-Tannen-Buchenwälder bis zu alpiner Rasen-, Schutthalden- und Felsspaltenvegetation.
Eine Reihe alpiner Pflanzengesellschaften steigt in den felsigen Schluchten bis in die Montanstufe hinab. Arten des Hochgebirges treffen hier auf engstem Raum mit Arten der Tieflagen zusammen.
Die schroffen Berge, welche die Gesäuseschlucht umgeben, schließen eine wirtschaftliche Nutzung vielfach aus, so dass naturnahe Fichten-Tannen-Buchenwälder, Rotföhrenwälder und Lärchen-Zirbenwälder bis heute erhalten blieben.

Eine Besonderheit des Nationalparks Gesäuse und der Nordöstlichen Kalkalpen ist der hohe Anteil an Endemiten, das sind Pflanzen, die auf der ganzen Welt nur hier vorkommen.
Zu diesen gehören zum Beispiel die wunderbar duftende Zierliche Feder-Nelke (*Dianthus plumarius subsp. blandus*). Sie hat ihre größten Bestände im Gesäuse. Eine weitere Art ist die Dunkle Glockenblume (*Campanula pulla*), die durch ihre kleinen, dunkelblauen Glocken auffällt. Zu den in den nordöstlichen Kalkalpen häufigen Arten zählen die Endemiten Clusius-Primel (*Primula clusiana*) und Alpen-Nelke (*Dianthus alpinus*).
48 verschiedene Orchideen wachsen im Nationalpark Gesäuse. Die einzelnen Arten sind zwar bezüglich ihrer Standortansprüche sehr wählerisch, gedeihen aber in den verschiedensten Lebensräumen, sofern diese frei von Veränderungen durch den Menschen bleiben.

Die Vogelwelt ist mit etwa 110 Arten besonders vielfältig. Dazu zählen Uhu, Steinadler, Flussuferläufer, Weißrückenspecht und Wanderfalke, um nur einige Kostbarkeiten zu nennen.
Bei den Insekten wurde sogar eine bisher unbekannte Steinfliegenart entdeckt.

Tierwelt im Nationalpark Gesäuse

Der Nationalpark Gesäuse zeichnet sich durch ein hohes Angebot an verschiedensten Lebensräumen und auch Rückzugsgebieten für eine große Zahl an Tierarten aus. Dies ist vor allem auf die hohe Strukturdiversität der Landschaft zurückzuführen. Auch das besonders reichhaltige Angebot an Feuchtgebieten und Fließgewässern im und um den Nationalpark trägt nicht unwesentlich zur Steigerung der Artenvielfalt bei.
Es gibt im Nationalpark einige wenige Tiergruppen, die schon jetzt relativ gut erfasst sind. Zu diesen gehören einerseits die Fischfauna in der Enns (16 Arten) und andererseits die Vogelwelt (vor allem im Buchsteingebiet, insgesamt etwa 110 Arten). Bei den Fischen ist besonders das Vorkommen des Ukrainischen Bachneunauges hervorzuheben.

Naturerlebnis

Der Nationalpark ist nicht nur Lebensraum für Tiere und Pflanzen, sondern auch ein wichtiger und attraktiver Erholungsraum für den Menschen. Ziel des Besuchermanagements ist es, Lebensräume für Tiere und Pflanzen ebenso wie die Schönheit der Landschaft zu erhalten und so Besuchern ein qualitativ hochwertiges Naturerlebnis zu ermöglichen. Während wir Menschen uns zum Vergnügen auch im Winter quer durch die Landschaft auf Gipfel und über Grate bewegen, ist die kalte Jahreszeit für Tiere eine Zeit des Überlebenskampfes. Obwohl das Schneehuhn durch sein weißes Winterkleid und die befiederten Beine bestens angepasst ist, setzen ihm karge Nahrung und Kälte zu. Jede zusätzliche Störung kann über Leben und Tod entscheiden.

Naturschutz

Naturschutz ist eines der wichtigsten Anliegen im Nationalpark. Unverbaute und möglichst unbeeinflusste Natur - Wildnis ist das Ziel, wo es Infrastruktur und Siedlungen erlauben. Längerfristig werden sich forstwirtschaftlich geprägte Fichtenwälder wieder in naturnahe Mischwälder umwandeln. Alte Bäume mit ihrem Mikrokosmos aus Flechten, Moosen, Pilzen und Insekten werden unsere ökologische Vielfalt weiter bereichern.
Die mehr als 200 km lange und großteils verbaute Enns zeigt nur mehr im Nationalpark ihren natürlichen Verlauf und ihre Flussdynamik. Die Schotterbänke im Gesäuse sind Lebensraum für absolute Spezialisten, die mit der Dynamik am Wasser zurechtkommen: Ufer-Reitgras, Tamariske, Laufkäfer, Flussuferläufer und viele mehr.

Bildung

An keinem anderen Ort lässt sich die Natur in ihrer Schönheit und Vielfalt so direkt erfahren wie in den österreichischen Nationalparks. Diese geben Anschauungsbeispiele für eine ganzheitliche Naturerfahrung, die Wissen und Emotionen miteinander verknüpft. Damit sind unsere Nationalparks unverzichtbar für eine Natur- und Umweltbildung, die beispielhaftes Erleben mit dem Wissen über natürliche Zusammenhänge verbindet.
Die Besucherinnen und Besucher sollen durch ein ansprechendes und abwechslungsreiches Bildungsangebot für die Nationalpark-Idee sensibilisiert werden. Durch faszinierende Erlebnisse und Erfahrungen wird Verständnis und Begeisterung für die Naturschutzarbeit gefördert und die Freude an natürlicher Vielfalt und Schönheit geweckt.

Forschung

Die Forschung im Nationalpark dient in erster Linie als Werkzeug für die konkrete Naturschutzarbeit. Welche Arten gibt es überhaupt bei uns? Sehr viele Tiergruppen, aber auch Pilze, Moose und Flechten sind die großen Unbekannten. Hier geht es auch darum, unsere Wissenslücken zu schließen. Wo sind unsere gefährdeten Arten und Lebensräume? Was können wir tun, um ihre Zukunft im Nationalpark zu sichern? Und nicht zuletzt die wichtige Frage: Welche Entwicklungen sind - von der Klimaerwärmung bis hin zur Veränderung der Bewirtschaftung - in Zukunft zu erwarten. Mit welchen Reaktionen in der Natur ist zu rechnen? Hier sind Antworten für den Nationalpark, für die umliegende Region und darüber hinaus von großer Bedeutung.

Weitere Informationen unter: www.nationalpark.co.at

Eine der Schlüsselarten für den Naturwert von Fließgewässerabschnitten und Schotterbänken ist der Flussuferläufer (*Actitis hypoleucos*). Er legt seine Eier auf Inseln oder nah am Ufer gut versteckt in dichter Vegetation, ins Gras oder unter Weidenbüschen. Männchen und Weibchen brüten und führen auch die Dunenjungen.

Das Sausen und Brausen im Ennskatarakt, der zum Naturdenkmal erklärt wurde, hat dem Gesäuse seinen Namen gegeben.

Gewöhnliche Kreuzblume
(*Polygala vulgaris subsp. vulgaris*)
Farbvariante

Das Flora-Steinröserl oder Heideröschen (*Daphne cneorum*) wächst bevorzugt auf steinigen Rasen und Felsschuttfluren - zum Beispiel im Langgriesgraben.

Der Petergstamm oder die Alpen-Aurikel (*Primula auricula*) ist als typischer Felsspaltenbewohner im Kalkfels zu finden.

In die weiten Almfluren der Sulzkaralm eingebettet liegt der Sulzkarsee. Er liegt in einer Karstwanne und hat keine erkennbaren Zu- und Abflüsse.

Der Einfarbige Langhornbock, Schusterbock oder Einfarbiger Fichtenbock (*Monochamus sutor*) gehört zur Familie der Bockkäfer.

Eine häufig anzutreffende Heuschreckenart auf Almen und an der Baumgrenze ist die Alpine Gebirgsschrecke (*Miramella alpina*). Am Bild rechts bei der Paarung ist das wesentlich größere Weibchen leicht zu erkennen.

Die Zierliche Feder-Nelke (*Dianthus plumarius subsp. blandus*) zählt zu den besonderen Kostbarkeiten im Nationalpark Gesäuse.

Österreichisches Kohlröschen (*Nigritella nigra subsp. austriaca*).

Der Gebänderte Pinselkäfer (*Trichius fasciatus*) und darunter das Weibchen des Scheinbockkäfers (*Oedemera lurida*).

Der in lichten Buchenwäldern vorkommende Nagelfleck (*Aglia tau*) gehört zu den Augenspinnern oder Nachtpfauenaugen, ist jedoch tagaktiv. Das Weibchen ist größer und blasser als das Männchen, wie hier am Bild bei der Kopulation zu erkennen ist.

Der Wasserfall der Höllbodenquelle links im Bild bietet ganz andere Lebensbedingungen als die benachbarten Bäche. Das Quellwasser rinnt gleichmäßig temperiert und verlässlich, reißende Hochwasser sind hier kaum zu befürchten. Deshalb unterscheiden sich die Lebensgemeinschaften oder Biozönosen im Quellbach sehr stark von jenen im nahen Gebirgsbach im Hartelsgraben (Bild rechts).

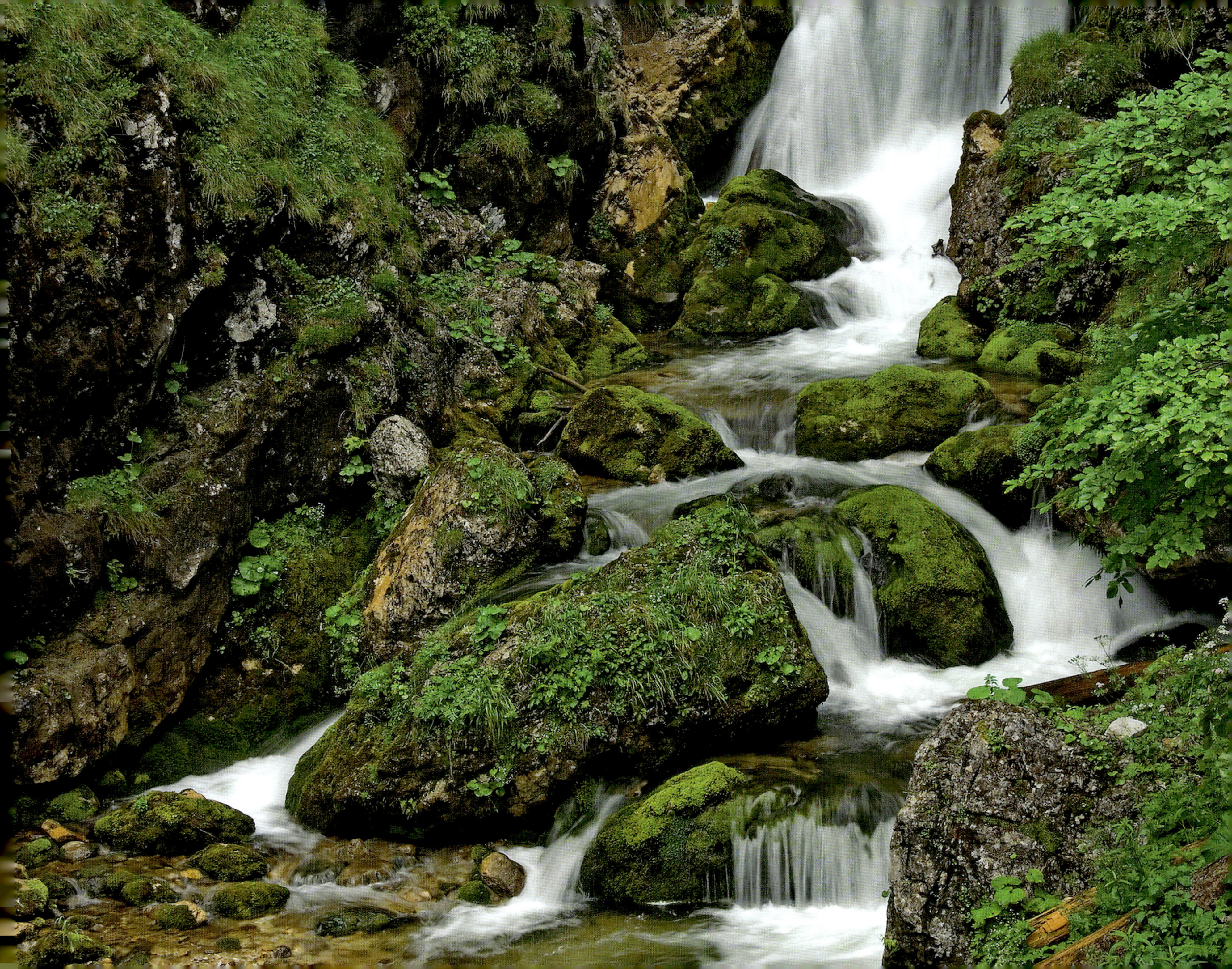

Blick von der 2.116 m hohen Gsuechmauer auf die Südseite des Rotofens.

Beim Alpenschneehuhn (*Lagopus mutus*) wechseln Männchen (links im Bild) pro Jahr viermal, Weibchen dreimal das Federkleid. Im Sommer ist das Federkleid braun, im Winter weiß gefärbt. Somit sind die Hühner ganzjährig getarnt und bestens geschützt.

Fliege im Morgentau.

Detailaufnahme eines Tagpfauenauges (*Inachis io*).

Nördlich vom Haindlkar.

Birkhähne (*Tetrao tetrix*) zählen zu den wenigen Vögeln Europas mit einer Arenabalz. Sie versammeln sich vor allem im Frühjahr, aber auch zu anderen Jahreszeiten auf meist traditionellen und oft über viele Jahre hinweg benutzten offenen Balzarenen. Dort haben die etablierten Hähne, die über zwei Jahre alt sind, kleine Territorien, die sie gegen Nebenbuhler auf dem Balzplatz verteidigen.

Bleiches oder Blasses Knabenkraut
(*Orchis pallens*)

Holunder-Knabenkraut oder Holunder-Fingerwurz
(*Dactylorhiza sambucina*)

Das Holunder-Knabenkraut kommt auch mit hell- bis dunkelroten Blüten vor.

Helm-Knabenkraut
(*Orchis militaris*)

Das Vorkommen des Grasfrosches (*Rana temporaria*) reicht vom Ennstal bis weit über die Baumgrenze hinaus. Er ist damit eine der häufigsten Amphibienarten im Gesäuse.

Die Hochtorgruppe (2.369 m) vom Blaseneck aus gesehen.

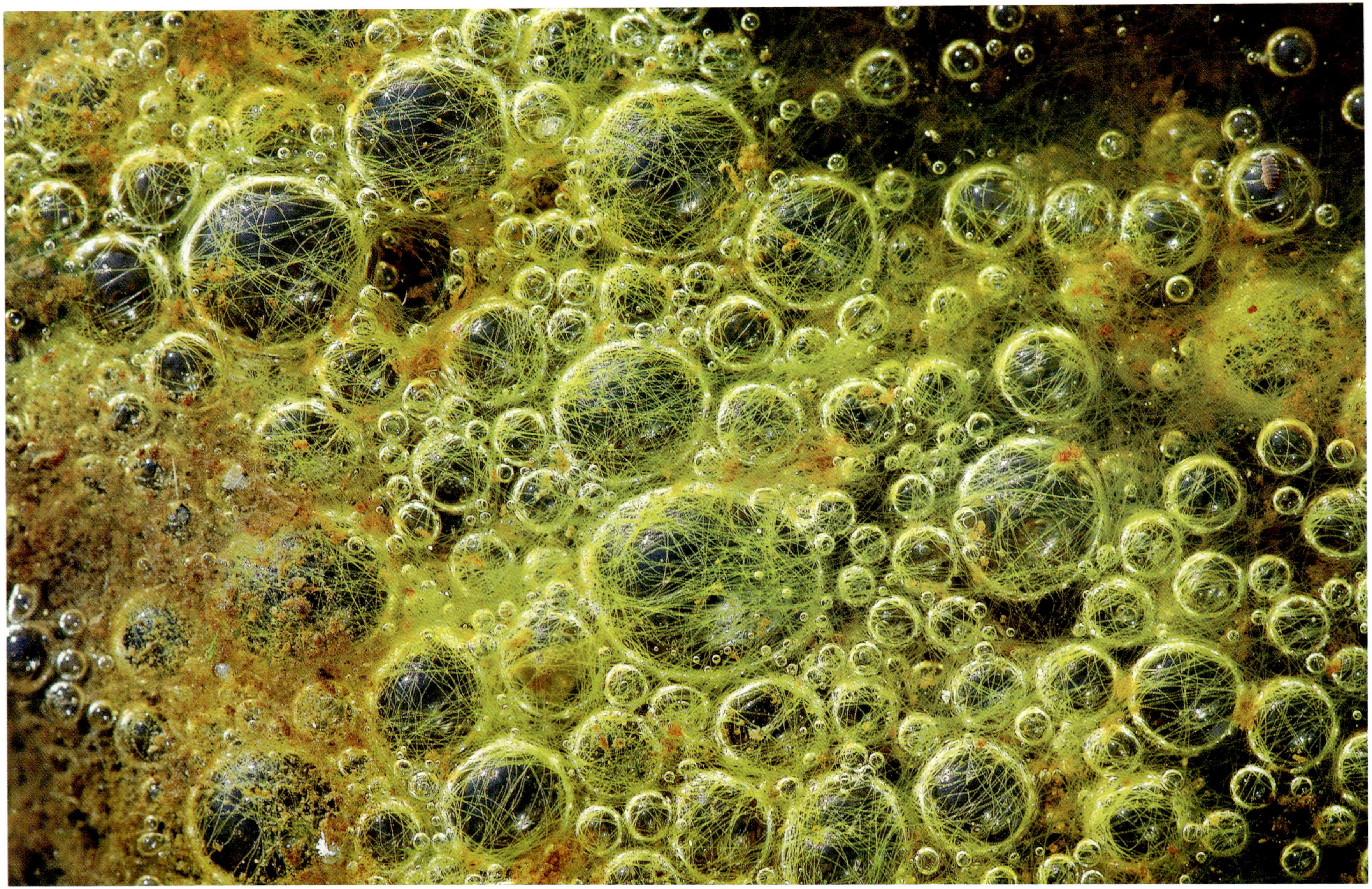

Die Listspinne (*Pisaura mirabilis*), auch Raubspinne oder Brautgeschenkspinne genannt, gehört zur Familie der Raubspinnen (*Pisauridae*). Diese Spinnenart ist in ganz Europa verbreitet.

Sicherlich zu den schönsten Tagfaltern im Nationalpark Gesäuse zählt der Apollofalter (*Parnassius apollo*). Dieser Schmetterling ist bei sonnigem, warmen Wetter ausgesprochen flugtüchtig und sehr schwer zu fotografieren.

Blick von der Gsuechmauer (2.116 m) auf die Hüpflingermauer.

Nächste Doppelseite: Blick vom Lugauer (2.211 m) über die Gsuechmauer auf das Hochtormassiv.

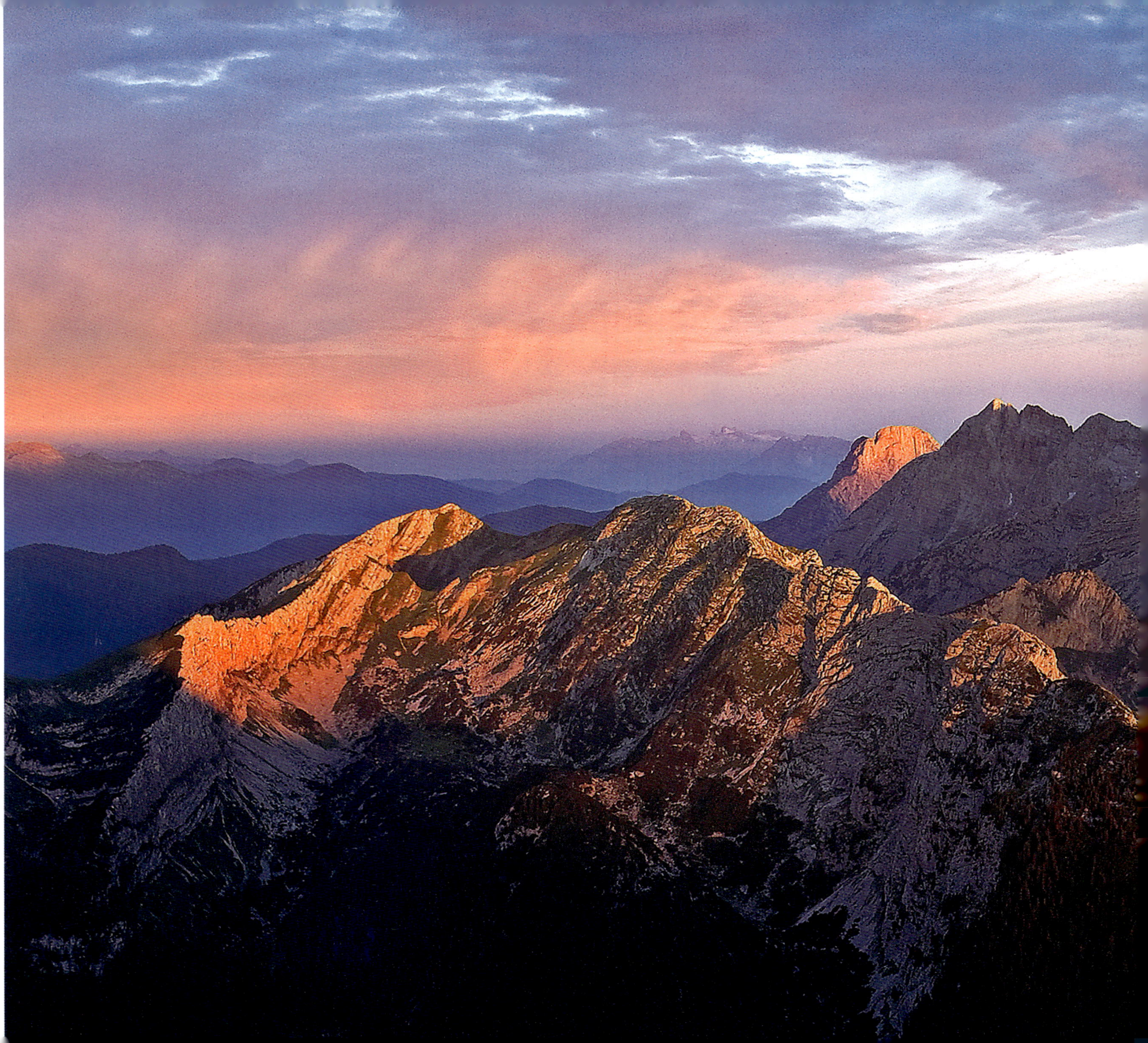

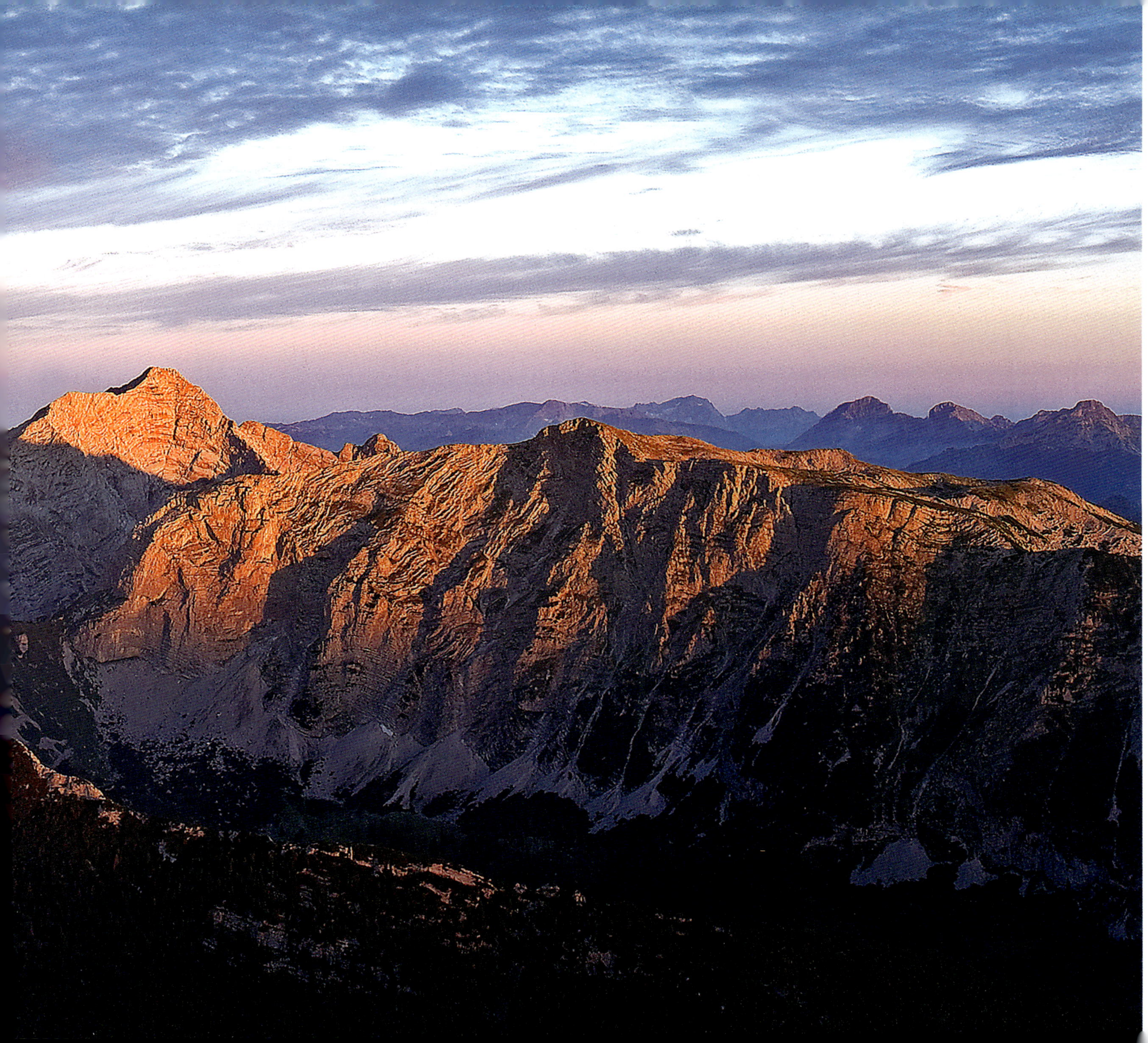

Beim Alpensalamander (*Salamandra atra*) handelt es sich um eine der wenigen tertiären Relikt-Arten, die bereits vor der Eiszeit in unseren Alpen heimisch waren und die Jahrmillionen der Kälte überdauert haben. Er ist lebendgebärend, folglich optimal an die harten Bedingungen im Gebirge angepasst.

Die Kreuzotter (*Vipera berus*) ist die einzige Giftschlange im Nationalpark Gesäuse. Man kann sie in offenem, steinigem Gelände mit Zwergsträuchern und auf Almen beobachten, wenn sie sich in den Vormittagsstunden sonnt.

Blick vom Hochzinödl (2.191 m) auf den Rotofen (1.951 m).

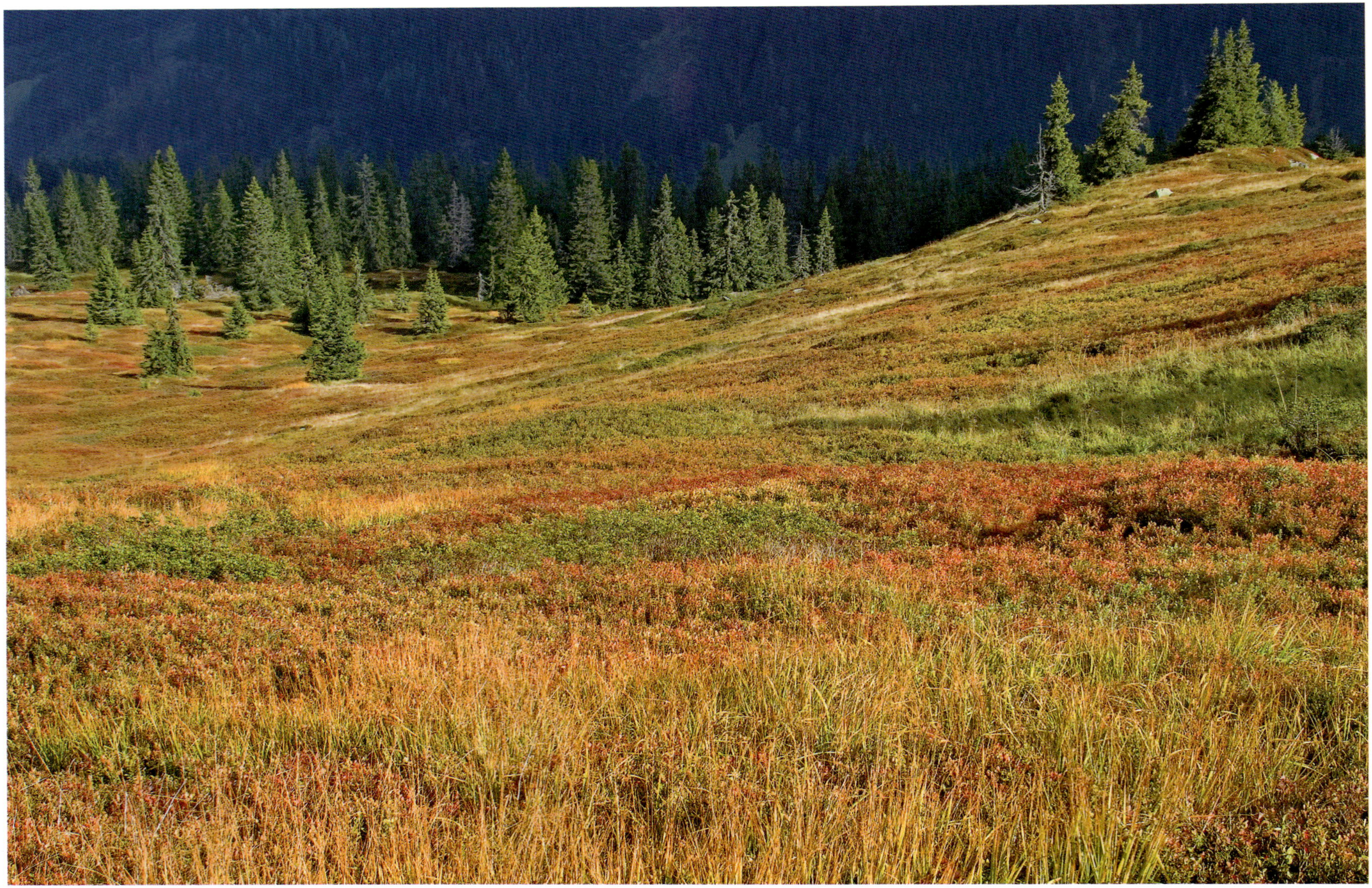

Der im Südteil des Nationalpark Gesäuse gelegene Gscheideggkogel befindet sich in der Grauwackenzone.

Der Mornellregenpfeifer (*Charadrius morinellus*) ist nur als Durchzugsgast im Nationalpark Gesäuse anzutreffen.

Stängelloses Leimkraut
(*Silene acaulis*)

Imposante Wolkenstimmung über dem Ödstein-Massiv.

Neben dem Weißbrust-Igel (*Erinaceus concolor*) findet man im Ennstal gelegentlich auch den Braunbrust-Igel (*Erinaceus europaeus*), dessen Verbreitungsgebiet in Österreich von Vorarlberg über Tirol, Salzburg, Oberösterreich bis ins niederösterreichische Waldviertel reicht.

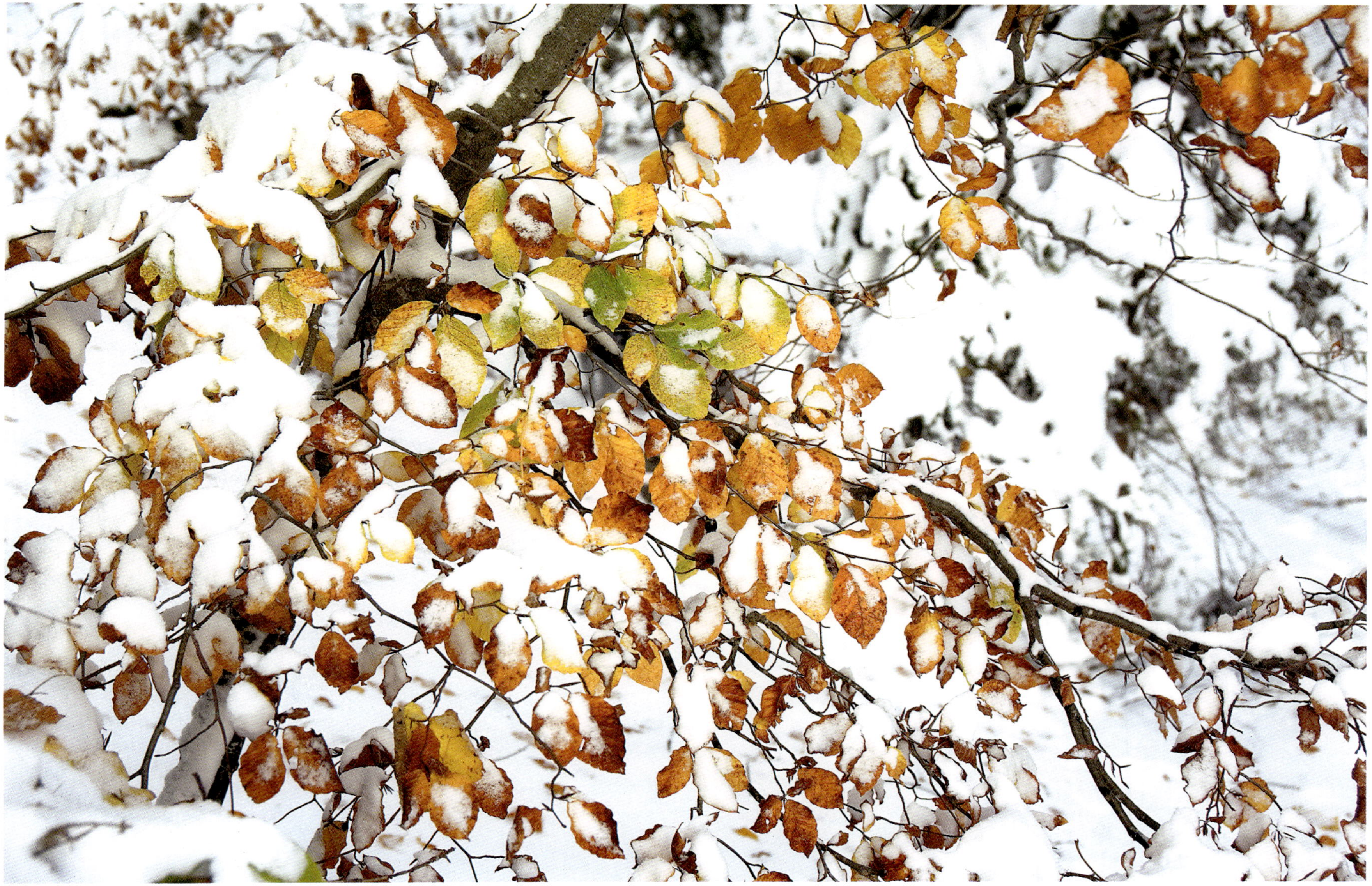

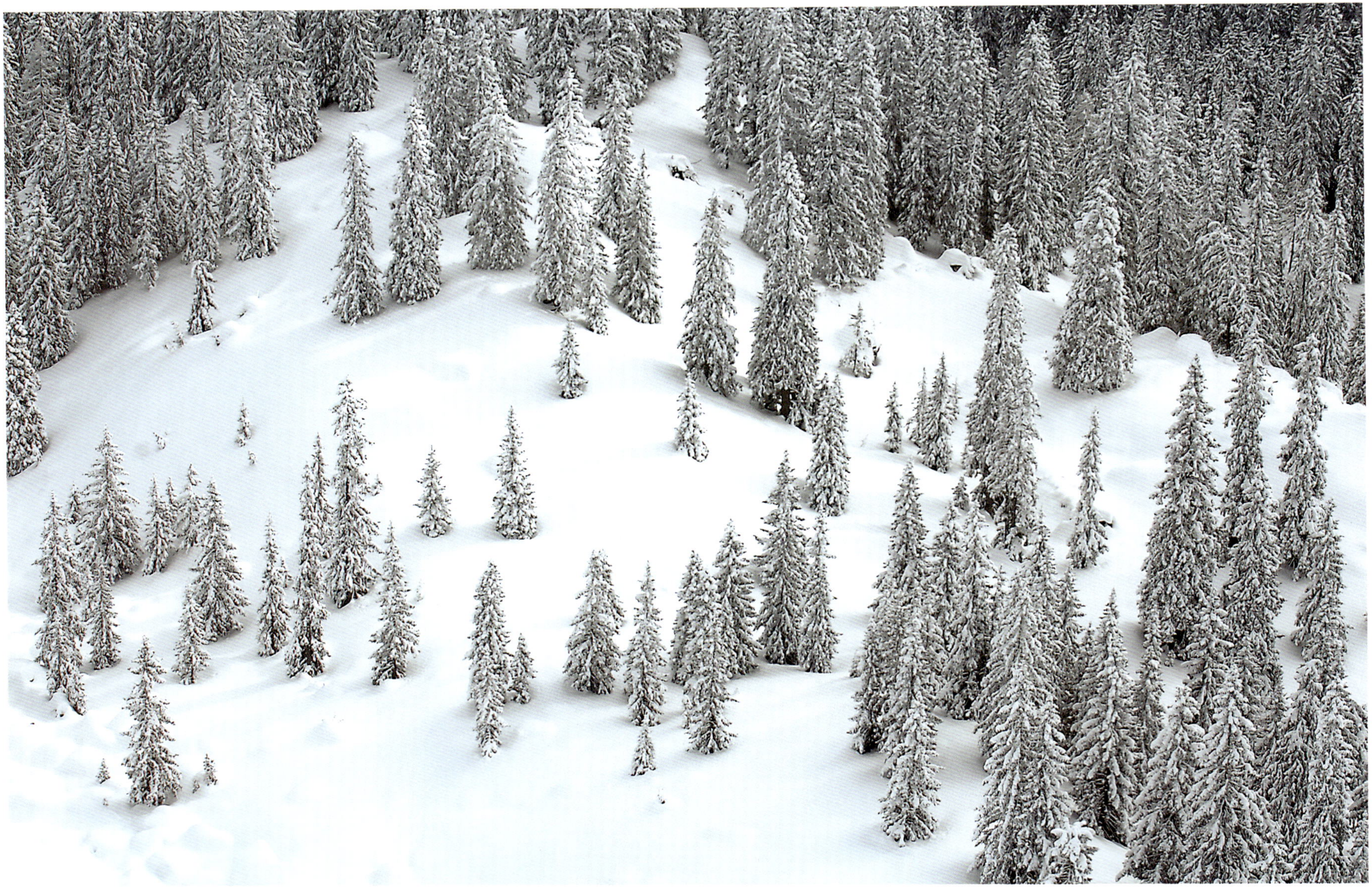

Der Fichtenkreuzschnabel (*Loxia curvirostra*) ist sehr häufig in Familienverbänden oder Trupps unterwegs. Wenn sie in zapfentragenden Nadelbaumwipfeln klettern und turnen, erinnern sie an Papageien.

Die sehr standorttreue Haubenmeise (*Parus cristatus*) hält sich meist das ganze Jahr über innerhalb der Grenzen ihres Brutterritoriums auf.

Im Vordergrund dieser herrlichen Winterlandschaft sind die Spuren vom Schneehasen (*Lepus timidus*) und die Fährte von den Gämsen (*Rupicapra rupicapra*) zu erkennen - im Hintergrund hebt sich das Buchstein-Massiv hervor.

Die sozialen Verbände der Gämsen (*Rupicapra rupicapra*) ändern sich im Jahresverlauf. Während der Herdenverband von Weibchen und Jungtieren mit 15 bis 30 Tieren im Sommer sehr fest ist, lockert sich der Zusammenhalt während des Winters. Böcke leben großteils einzelgängerisch und suchen erst im Spätsommer eine Herde auf.

Blick von der Gsuechmauer Richtung Osten.

An seinen weißen Flügeln ist das abfliegende Alpenschneehuhn (*Lagopus mutus*) das ganze Jahr über gut erkennbar.

Gesäuseeingang mit Blick auf den Himbeerstein und das Hochtormassiv.

Raureif in seiner schönsten Form.

Mondaufgang über dem Hochtormassiv.

Blick von der Grabneralm auf das Buchsteinmassiv.

nationalpark donau auen
KOSTBARE NATUR FÜR GENERATIONEN

Der Nationalpark Donau-Auen, zwischen den europäischen Hauptstädten Wien und Bratislava gelegen, bewahrt auf mehr als 9.300 ha Fläche (93 km²) die letzte große Flussauen-Landschaft Mitteleuropas.
Die hier noch frei fließende Donau ist auf ca. 36 km Fließstrecke die Lebensader des Nationalparks.
Ihr dynamisches Wechselspiel mit Pegelschwankungen von bis zu 7 m gestaltet die Flussauen-Landschaft immer wieder neu.
So schafft der Donaustrom Lebensräume für eine Vielzahl an Tieren und Pflanzen.
Mit der Gründung des Nationalpark Donau-Auen im Jahr 1996 wurde dieses Gebiet nachhaltig unter internationalen Schutz gestellt.
Hier kann sich die Natur frei von wirtschaftlichen Zwängen entfalten - damit garantiert ist, dass auch kommende Generationen deren Kraft und Schönheit noch selbst erfahren können.
Der Nationalpark Donau-Auen erstreckt sich von Wien bis zur Marchmündung an der Staatsgrenze zur Slowakei.
Bei einer Länge von 38 km misst er an seiner breitesten Stelle kaum 4 km, denn die Auen finden sich nur unmittelbar an der Donau.

Lebensräume

Die Lebensader dieser Landschaft ist die Donau. Zahlreiche Augewässer sind mit ihr je nach Wasserstand verbunden. Man unterscheidet zwischen durchströmten Nebenarmen und verlandenden Altarmen. Zwischen diesen erstrecken sich tiefe Auwälder. Eine Besonderheit sind die so genannten Heißländen, steppenähnliche Landschaften auf trockenen Standorten. Mitten in den Wäldern liegen auch artenreiche Wiesen, die von den Menschen teilweise bereits vor Jahrhunderten angelegt wurden. Am Nordufer schirmt der Schutzdamm das Marchfeld gegen die Hochwässer der Donau ab. Der Südrand des Nationalparks wird durch den Abbruch des Wiener Beckens begrenzt, den ein einzigartiger Hangwald besiedelt.

Donaustrom

In Österreich hat die Donau nur noch zwei freie Fließstrecken von sehr unterschiedlichem Charakter: Das enge Tal der Wachau und die weite Ebene stromabwärts von Wien, das Nationalpark-Gebiet. Dieser Abschnitt ist letzte Heimstätte für verschiedene Flussfischarten, wie Schretzer, Streber, Zingel. Von den insgesamt rund 60 Fischarten im Nationalpark finden etliche ihre Laichplätze nur in den Flachwasserbereichen der Donau. Für viele Wasservogelarten aus dem Norden Europas ist der offene Strom ein wichtiges Winterquartier und bedeutsamer Futterplatz, wie z.B. für Schellente und Krickente. Der Seeadler kommt regelmäßig an die Donau und brütet nach vielen Jahrzehnten auch wieder vereinzelt.
Auf den Schotterbänken finden sich im Frühjahr die bereits stark gefährdeten Kiesbrüter ein. Teilweise stehen Altarme noch in Verbindung mit dem Strom. Hierher ziehen verschiedene Fischarten um ihre Laichgebiete und Kinderstuben zu finden.
Die Donau entspricht derzeit Qualitätsstufe zwei. Alle Nebenarme und die Altwässer stehen über den Grundwasserkörper direkt mit ihr in Verbindung.

Auwald

Die Wälder an der Donau werden in zwei Grundtypen unterschieden: Weiche Au und Harte Au. Diese Begriffe stehen für Weich- und Hartholzarten, die auf Grund ihrer Ansprüche verschiedene Lebensräume besiedeln. Weiden, Pappeln, und Erlen zählen zu den Charakterarten der Weichen Au, die mehrmals im Jahr überschwemmt wird. Eiche, Ahorn, Esche und Linde bilden die Harte Au. Hier sind die Überschwemmungen seltener.
In den Auwäldern des Nationalparks kommen sonst überall gefährdete Baumarten noch sehr häufig vor, z.B. Silberweide und Schwarzpappel.
Auch viele spezialisierte Lebewesen haben hier ihren Lebensraum, wie z.B. Käfer und ihre Larven im Totholz von Bäumen und Sträuchern.
Die Altbaumbestände haben große Bedeutung für die Vogelwelt. In den Wäldern des Nationalparks gibt es keine forstwirtschaftliche Nutzung mehr, sondern nur noch Maßnahmen der Renaturierung. Damit sollen durch die Forstwirtschaft vergangener Zeiten eingebrachte Exoten, wie die Robinie und Hybridpappeln wieder zurückgedrängt werden. Der einzige Baumfäller, der bleiben darf, ist der Biber.

Altarm

Die linksufrig gelegenen Seitenarme der Donau stellen fast ausnahmslos Gewässer des so genannten Verlandungstyps dar. Sie waren einst von der Donau durchströmt. Durch die Verlegung des Hauptstromes und Eingriffe der Donauregulierung sind sie zu Stillgewässern mit üppigem Pflanzenwuchs geworden. Hier finden sich heute die artenreichsten Wasser- und Sumpfpflanzengesellschaften Europas.

Für Wasserinsekten, Amphibien, Sumpfschildkröten und Schlangen sind sie ebenso Lebensraum, wie für eine Vielzahl von Fischarten und diverse Wasservögel wie Rohrdommel und Rohrsänger. Typisch sind weite Schilfbereiche, Teichrosenfelder und verkrautete Verlandungsflächen, die nur zeitweise unter Wasser stehen. Die Ablagerung von Feinsedimenten am Grund der Gewässer trägt zur Verlandung bei.

Nebenarm

Die rechtsufrig gelegenen Nebenarme der Donau stellen einen sehr dynamischen Gewässertyp dar. Die Donau presst hier gegen den Absturz des Wiener Beckens. An solchen Prallhängen bildet das schürfende Wasser senkrecht abstürzende Steilufer, die vor allem vom Eisvogel für die Anlage seiner Bruthöhlen genutzt werden. Auch der Biber gräbt in diese Böschungen gerne seine Bauten. In diesen regelmäßig durchströmten Gewässern findet man kaum Wasserpflanzen. Von Hochwässern umgerissene Baumriesen bereichern den Lebensraum. In diesem Totholz finden Insekten Nahrung und Wohnraum, Eisvogel und verschiedene Greifvogelarten nutzen diese als Aussichtswarten.

Im Gegensatz zu den steilen Böschungen entstehen an den Gleitufern flache Sand- und Schotterbänke, auf denen Pionierpflanzen wie Weiden und Schwarzpappeln eine Möglichkeit finden sich anzusiedeln. Auch Spezialisten wie der Schlammling, eine der kleinsten heimischen Blütenpflanzen, sind hier heimisch. Durch die Umlagerung von Schotter und Sand werden ständig neue Lebensräume geschaffen. Die Wiederanbindung einiger dieser Gewässer an den Hauptstrom hat ihre Bedeutung für Donaufischarten als Refugial- und Fortpflanzungsraum stark erhöht.

Wiese und Damm

Schon vor Jahrhunderten haben Menschen in den Wäldern der Donau-Auen Wiesenflächen angelegt. Auf diesen regelmäßig überschwemmten, nährstoffreichen Auwiesen sind einzigartige Pflanzengesellschaften entstanden. In Folge fanden hier seltene Tierarten, wie z.B. der Wachtelkönig, Ersatzlebensräume für die durch moderne Landwirtschaft zerstörten Biotope.

Mit der Donauregulierung in den 70er Jahren des 19. Jahrhunderts wurde das Marchfeld durch einen Dammbau von Wien bis an die Marchmündung vor Hochwässern geschützt. Auf diesem künstlich geschaffenen, extrem trockenen Lebensraum findet sich eine äußerst artenreiche Vegetation mit über vierhundert Pflanzenarten.

Besonders Orchideen, wie Spinnenragwurz, Brandknabenkraut und Helmknabenkraut sind hier zahlreich vertreten. Wiesen und Dämme müssen regelmäßig gemäht werden damit sie nicht verbuschen. Seit der Gründung des Nationalparks ist keine Düngung und Spritzung mit Herbiziden mehr erlaubt.

Heißlände

Auf ehemaligen Sand- und Schotterbänken, aber auch in alten Flussbetten, die durch die Abdämmung abgetrennt wurden, entstanden trockene Standorte. Der Boden ist extrem wasserdurchlässig und trocknet dadurch rasch aus, es bildet sich kaum eine Humusschicht. Hier findet sich eine für die Auen ungewöhnliche Pflanzen- und Tierwelt.
Der Charakter dieser Landschaft ist savannenartig. Typische Pflanzen sind Weißdorn, Sanddorn, Orchideen und Federgras. Auffallend sind Flechten und Moose, die extreme Trockenheit ertragen - von der Wissenschaft als Trockenmoosgesellschaften bezeichnet. Eine Besonderheit ist das Vorkommen der Gottesanbeterin, ein Insekt das für extrem trockene Gebiete typisch ist.

Hangwald

Der alte Prallhang der Donau wird vom Abhang des Wiener Beckens gebildet. Diese am Südufer der Donau gelegene, 30 bis 40 m hohe Geländestufe stellt ein besonderes Biotop dar. Hier befinden sich die tiefst gelegenen Buchenwälder Österreichs. Sie markieren die Hochwasserlinie der Donau. Buchen kommen im Auwald eigentlich nicht vor, da sie Überschwemmungen nicht ertragen. Der Charakter dieser Landschaft erinnert an den Wienerwald. Am Hangfuß liegen Tümpelketten, die von Quellaustritten und Sickerwässern der Abhänge gespeist werden. Sie sind besonders gute Laichgewässer für Amphibien. Das Rotwild zieht bei Hochwasser gerne in diese höher gelegenen Bereiche.

Weitere Informationen unter: www.donauauen.at

Sonnenuntergang bei Schönau.

Sonnenuntergang in der Regelsbrunner Au.

Morgenstimmung bei Schönau.

Seidenreiher (*Egretta garzetta*) können durchaus mit anderen weißen Reihern verwechselt werden. Wichtige Unterscheidungsmerkmale sind Form und Farbe des Schnabels, sowie die Farbe der Beine. Diese Farben ändern sich jedoch im Jahreslauf sowohl bei Seiden- als auch bei Silberreihern; dazu gibt es Unterschiede zwischen Alt- und Jungvögeln.

Der Graureiher (*Ardea cinerea*) ist der größte Reiher Europas, etwas kleiner als ein Storch. Im typischen Flugbild überragen die langen Beine den Schwanz deutlich. Im Aufwind segeln die Vögel auch mitunter, aber bei weitem nicht so häufig und regelmäßig wie Störche.

Die Große Königslibelle (*Anax imperator*) kommt vorwiegend an stehenden, pflanzenreichen Gewässern vor. Die sehr ausdauernd fliegenden Männchen sind an ihren Gewässern im allgemeinen die dominanten Libellen. Sie vertreiben auch andere Edellibellen aus ihrem Revier und fressen nicht selten andere, schwächere Libellen. Die Weibchen setzen sich zur Eiablage auf im Wasser treibende Pflanzenteile.

In früheren Zeiten war die Europäische Sumpfschildkröte (*Emys orbicularis*) in den Bächen, Flüssen und Feuchtgebieten Mitteleuropas weit verbreitet. Mittlerweile lebt in den Donau-Auen die letzte überlebensfähige Population Österreichs. Der Lebensmittelpunkt der Schildkröten liegt im Wasser. Hier erbeuten sie Frösche, Kaulquappen, Jungfische, Wasserinsekten u.a. Die kalte Jahreszeit überdauern die Tiere am Grund tieferer Gewässer, die nicht vollständig durchfrieren.

Der Diptam (*Dictamnus albus*), auch Aschwurz oder Brennender Busch genannt, ist eine mehrjährige, krautige Pflanze. Der Duft des Diptam kann durch Mischung von Vanille- und Zitronenaroma nachgeahmt werden. Die Blütezeit ist im Mai und Juni, die Reifezeit der fünfteiligen Früchte der Hochsommer. In dieser Zeit geben die Drüsen der Fruchtstände soviel ätherisches Öl ab, dass die Pflanze schon von weitem gerochen werden kann.

Der Segelfalter (*Iphiclides podalirius*) ist im Nationalpark Donauauen an bestimmten Stellen noch recht häufig anzutreffen.

Der in lichten Auwäldern vorkommende Osterluzeifalter (*Zerynthia polyxena*) fliegt meist nur bei Sonnenschein.

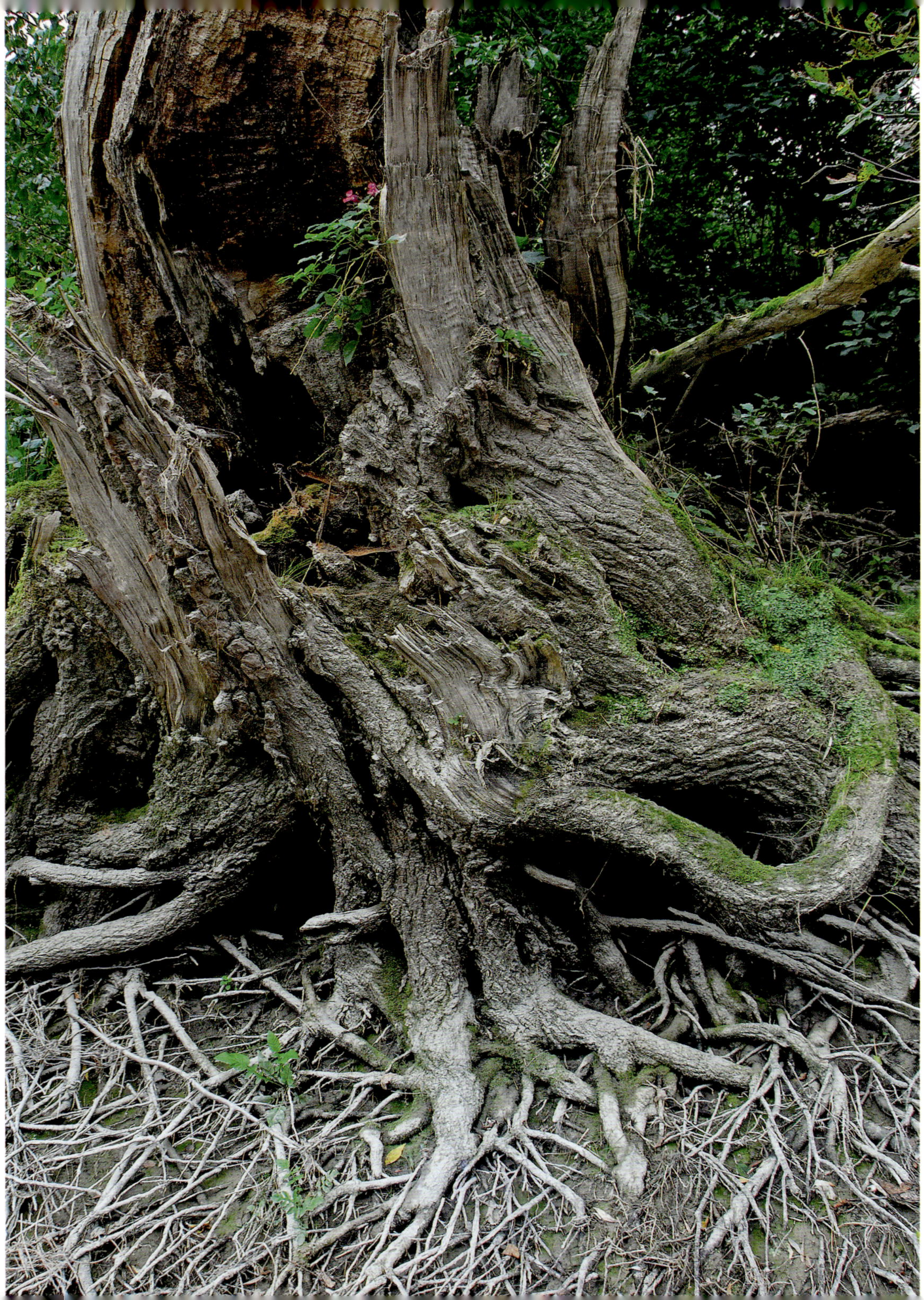

Der Biber (*Castor fiber*) ist ein reiner Pflanzenfresser und lebt gesellig in Familiengruppen, die bei größerer Bestandsdichte regelrechte Kolonien bilden. Da die Biber zum Klettern in die Kronen viel zu schwer wären, können sie an die begehrten Rindenzonen nur gelangen, wenn sie die Bäume fällen. Hierzu schneiden sie die Stämme einige Dezimeter über dem Boden sanduhrförmig an, bis sie unter dem Gewicht der Kronen von selbst umstürzen. Sie fallen dabei stets nach jener Seite, an der die Krone einen Überhang aufweist. Das ist bei Uferbäumen häufig die Wasserseite. Die Biber können nun schwimmend die für sie verwertbaren Zweige abschneiden und an die Fressplätze bringen. Zu Beginn des Winters sammeln sie solche Zweige in Flößen, die beim Einsetzen der Vereisung zwar einfrieren, aber unter dem Eis erreichbar bleiben. Auf diese Weise halten sich die Zweige frisch und die Biber müssen bei starkem Frost keine Bäume fällen. Selbst bei ganz dünnen Zweigen wird nur die Rinde abgeschält. Dabei benutzen die Biber sehr geschickt ihre Vorderpfoten als Hände. Für das Fällen einer Weide mit ca. 20 cm Stammdurchmesser benötigen erwachsene Biber nicht einmal eine Nacht.

Wilde Uferlandschaft in der Regelsbrunner Au.

Männchen und Weibchen sehen auch für Haubentaucher (*Podiceps cristatus*) völlig gleich aus. Es werden regelrechte Rollenspiele aufgeführt; diese dienen wohl nicht nur dazu Aggressionen abzubauen, sondern auch dem Erkennen der Geschlechter. Die wichtigste Nahrung bilden Fische, meist bis zu einer Länge von maximal 20 cm.

Der Kleiber (*Sitta europaea*) brütet häufig in Spechthöhlen und Nistkästen, wobei er bei Kunsthöhlen nicht nur das Einschlupfloch mit Lehm auf passende Größe zumauert, sondern auch die Ritzen an der Vorderseite, so das der Frontdeckel nicht mehr geöffnet werden kann.

Die Blaumeise (*Parus caeruleus*) hält sich gerne in Laub- und Mischwäldern, sowie Obstgärten auf, wobei sie in Auwäldern mit vielen Eichen und gut entwickelter Strauchschicht eine besonders hohe Dichte erreicht. Die Jungen werden in Baumhöhlen, Laubbäumen, aber auch in Mauer- und Felslöchern aufgezogen. Ein erheblicher Teil der Blaumeisen brütet heute in Nistkästen.

Rehe (*Capreolus capreolus*) erweisen sich als so anpassungsfähig, das es nicht leicht ist, ein allgemein verbindliches Bild ihrer Lebensweise zu geben. Die Rehgeiß trägt im Gegensatz zum Bock kein Geweih.

Der Rotfuchs (*Vulpes vulpes*) ernährt sich überwiegend von Mäusen. Auf dem nebenstehenden Bild hat er gerade eine davon genüsslich verspeist.

Urwaldartiges Weidendickicht am natürlichen Donauufer.

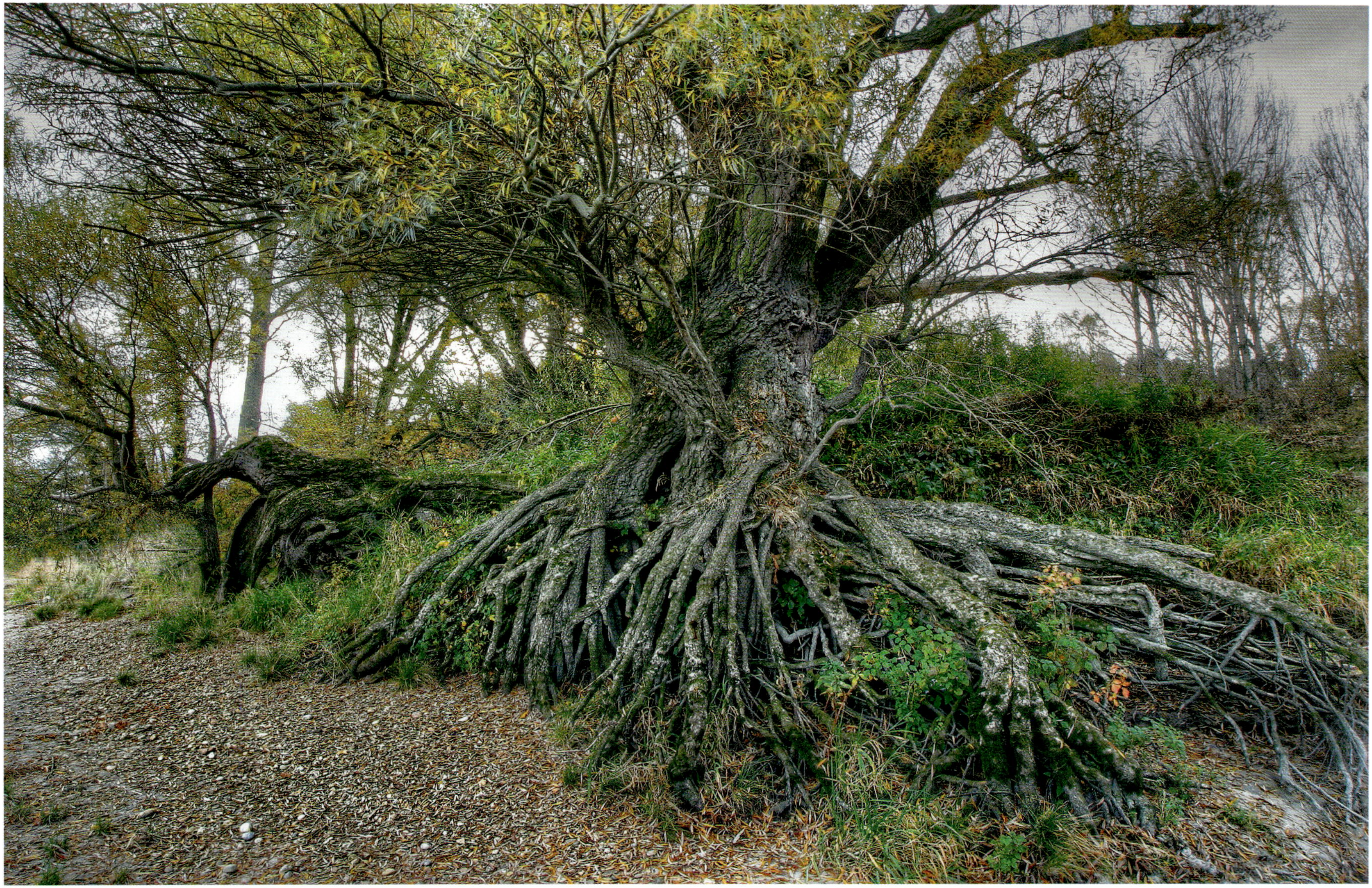

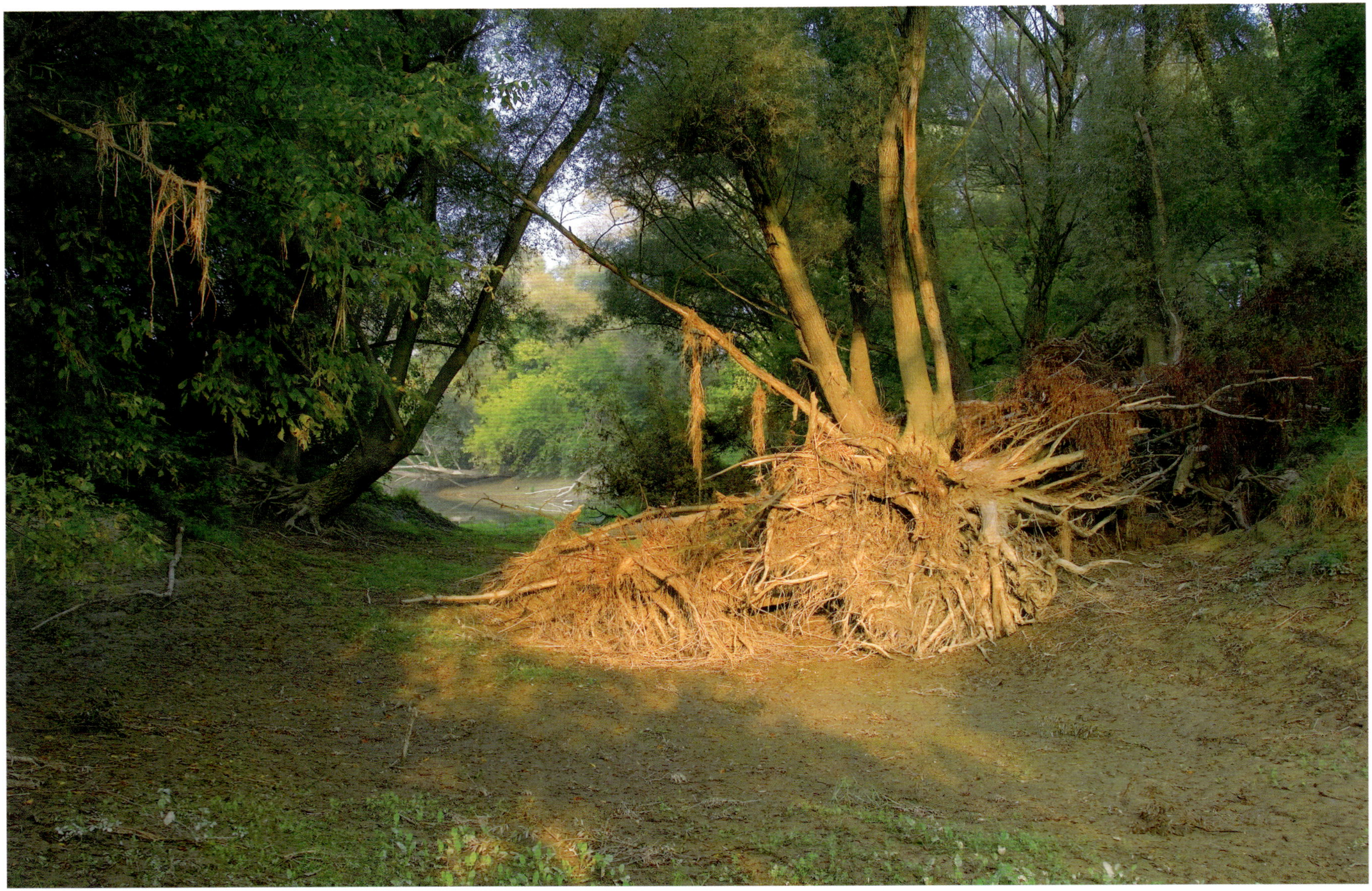

Leberblümchen
(*Hepatica nobilis*)

Echtes Schneeglöckchen
(*Galanthus nivalis*)

Bunter Hohlzahn
(*Galeopsis speciosa*)

Der Eisvogel (*Alcedo atthis*) brütet an langsam fließenden, klaren Bächen und Flüssen mit deckungsreichen Ufern und geschützten, niedrigen Ansitzwarten über dem Wasser.

Der Hirschkäfer (*Lucanus cervus*) ist der größte und stattlichste heimische Käfer.

Sonnenaufgang bei Schönau.

Die „Weiden-Au" an einem donaunahen Altarm.

Um sich fortzupflanzen braucht die Große Teichmuschel (*Anodonta cygnea*) oder Weiher-Muschel Fische, in deren Kiemenraum sich ihre kleinen Larven eine Zeitlang als Parasiten entwickeln.

Der Kleine Schillerfalter (*Apatura ilia*) kommt in lichten Laubmischwäldern, vor allem Auwäldern, vorzugsweise in milden Lagen vor.

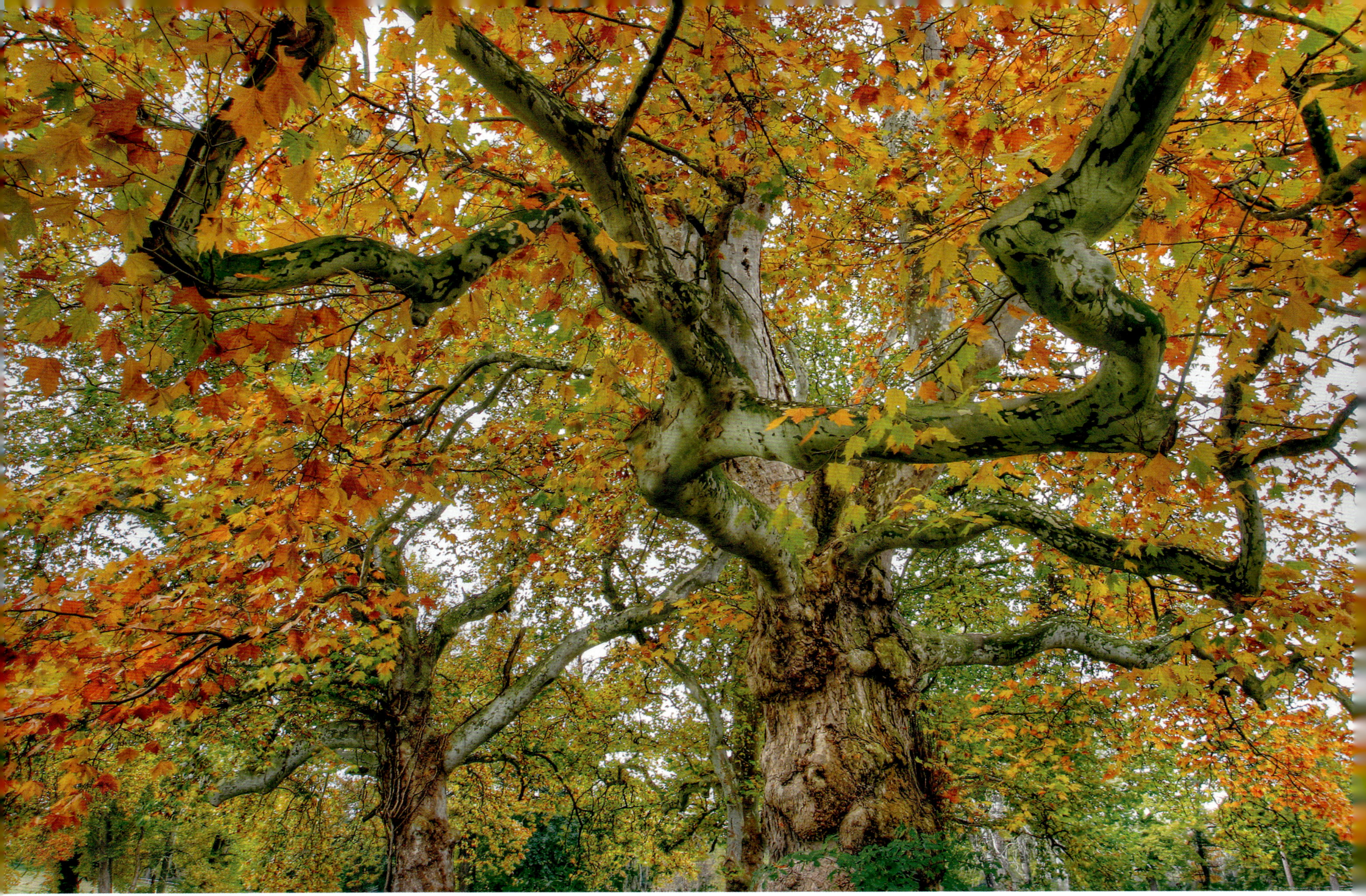

Das klettergewandte Eichhörnchen (*Sciurus vulgaris*) trägt Nistmaterial in das Nest, auch Kobel genannt.

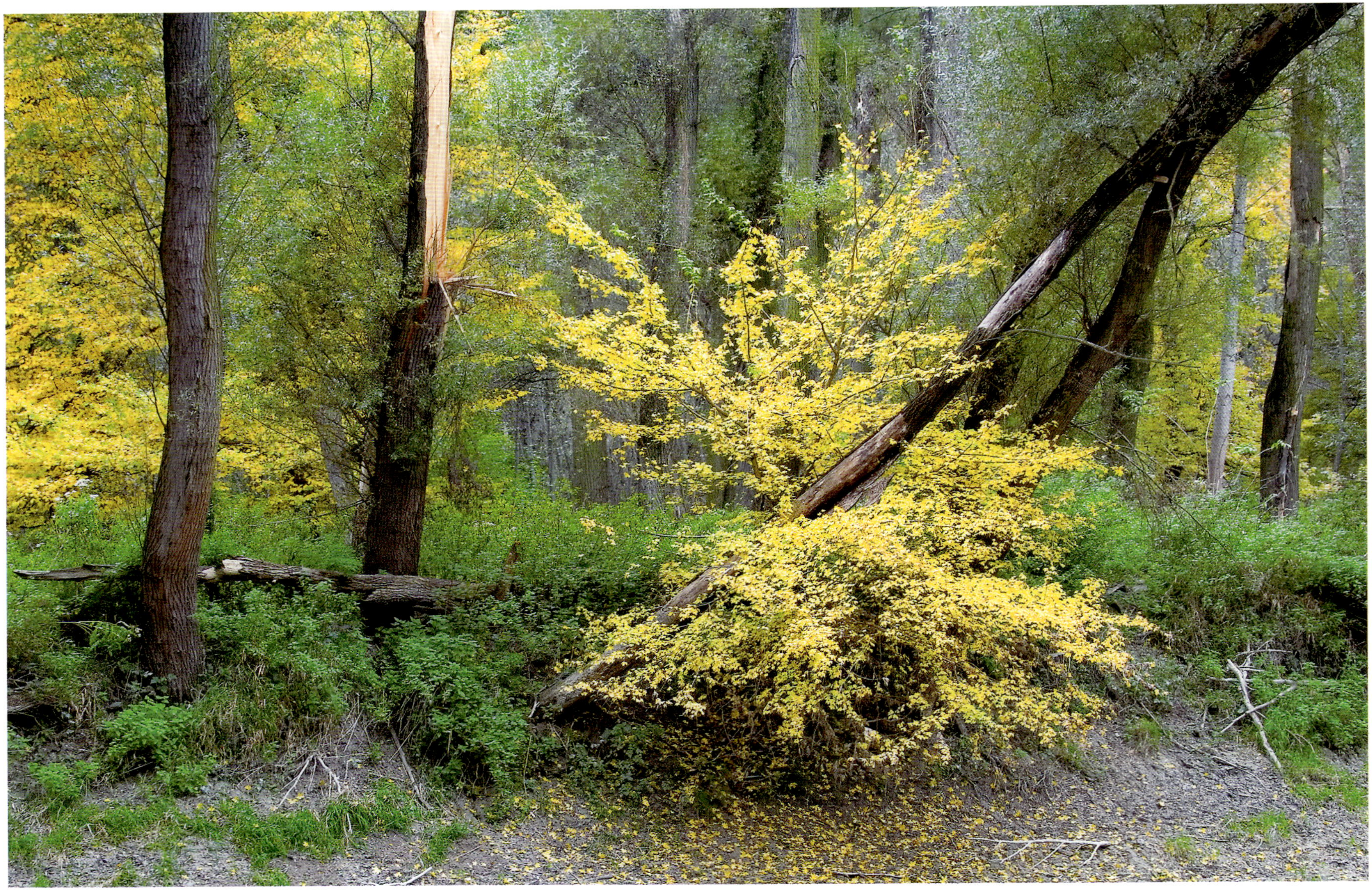

Der aus dem Osten Nordamerikas stammende „Wilde Wein" (*Parthenocissus quinquefolia*) überwuchert viele heimische Bäume im Auwald.

Der Wechsel von Niedrigwasserständen und Überflutungen prägt das Leben in den Auwäldern. Die ununterbrochene Veränderung und Erneuerung des Auwaldes macht die ganze Dynamik dieses extremen Lebensraumes aus.

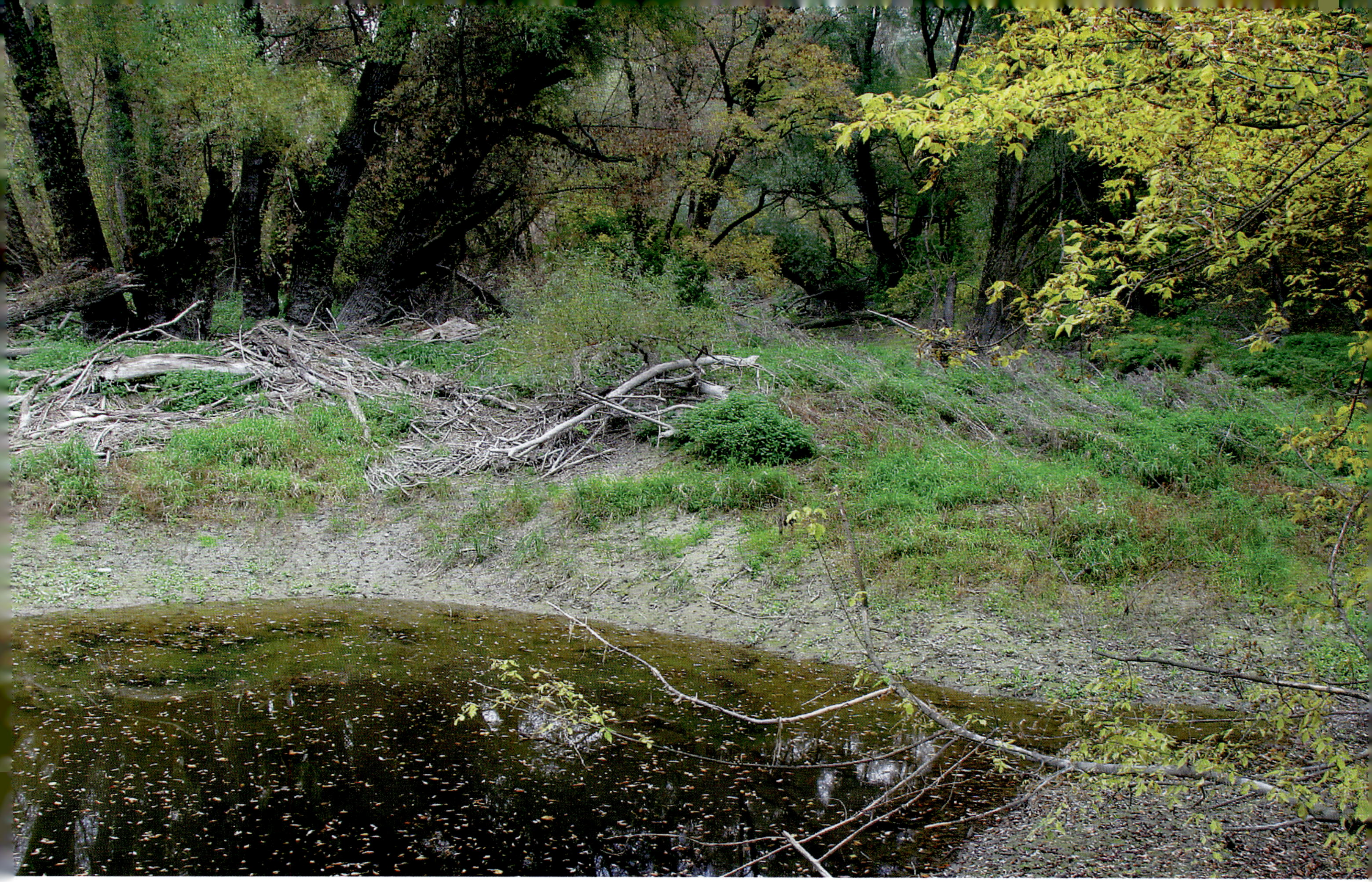

NATIONALPARK KALKALPEN

Der Nationalpark Kalkalpen besteht aus zwei Gebirgseinheiten:

Das Reichraminger Hintergebirge zählt zu den größten geschlossenen Waldgebieten Österreichs - ein Waldmeer, das noch nicht durch öffentliche Verkehrswege und Siedlungen zerschnitten ist.
Hier finden wir auch eines der längsten unversehrten Bachsysteme der Ostalpen. Alte Klausen und verfallene Triftsteige erinnern heute noch an die Holznutzung in früheren Zeiten.

Das Sengsengebirge ist ein nördlicher Vorposten der alpinen Kalkalpen. Der etwa 20 km lange Hauptkamm erreicht mit dem Hohen Nock (1.963 m) seine höchste Erhebung.
Der Name Sengsengebirge lässt sich von der Nutzung der Wälder als Energiequelle für die früher hier sehr zahlreichen Sensenschmieden herleiten.

Errichtet: 25. Juli 1997, Größe: 20.856 ha
Zonierung: 89% Naturzone, 11% Bewahrungszone
Grundbesitz: 88% Republik (Österreichische Bundesforste), 11% Privatbesitz sowie 1% Gemeindebesitz
International anerkannt: als Nationalpark (IUCN Kategorie II) seit 1998, Ramsar Schutzgebiet (Feuchtgebiet weltweiter Bedeutung) und Natura 2000 Gebiet (Europaschutzgebiet) seit 2004
Seehöhe: 385 bis 1.963 m (Hohe Nock)
Hauptgesteinsarten: Wettersteinkalk, Hauptdolomit.

Wald

Vier Fünftel der Nationalparkfläche ist mit Wald bedeckt.
Insgesamt 30 verschiedene Waldgesellschaften gibt es im Nationalpark - der Fichten-Tannen-Buchenwald dominiert das Landschaftsbild.

Der Wald war über Jahrhunderte wichtigster Energie- und Rohstofflieferant. Die Nutzung hat ihn vielfach verändert: Der Anteil von Fichte und Lärche ist auf Kosten von Tanne, Buche und anderen Laubgehölzen gestiegen.

Und doch gibt es im Nationalpark noch naturnahe Wälder.
Sie sind die Keimzellen eines zusammenhängenden Naturwaldes von morgen.
Im Nationalpark entsteht wieder Vielfalt. Bäume dürfen wachsen, alt werden und sterben, so wie der Lauf der Natur es vorsieht. Alte, abgestorbene Bäume sind ein wichtiger Lebensraum für viele Tiere wie zum Beispiel Käfer und Spechte.

Während auf vermodernden Stämmen die nächste Baumgeneration heranwächst, zersetzen Insekten und Mikroorganismen die Reste des Totholzes zu fruchtbarem Humus. Der Kreislauf der Natur schließt sich.

Tiere & Pflanzen

Die vielfältigen Lebensräume des Nationalpark Kalkalpen beherbergen zahlreiche, anderswo schon selten gewordene Tiere und Pflanzen.
Wir finden hier unter anderem
30 Säugetierarten
80 Brutvogelarten
1.500 verschiedene Schmetterlinge
1.000 Blütenpflanzen, Moose und Farne

Moor

Moorgebiet auf der Ebenforst Alm.

Das Sengsengebirge und das Reichraminger Hintergebirge sind moorkundlich erst ungenügend erforscht. Da das Gebiet nur wenig glazial überformt wurde, sind die Voraussetzungen für die Moorbildung eher ungünstig. Moore nehmen daher hier nur kleine Flächen ein. Im Gebiet des Nationalpark Kalkalpen dürfte sich aber trotzdem eine Anzahl von Mooren finden lassen.

Gletscherkare bieten gute Bedingungen für die Entstehung von Mooren. Mit dem Abschmelzen des Gletschereises bleibt feinst zerriebenes Gesteinsmehl zurück: Ton, der oft in meterdicken Schichten liegenbleibt und solche Flächen gegen das wasserdurchlässige Grundgestein hin abdichtet. Jedoch selbst dort, wo solche Kare vorhanden sind, ist diese Tondichtung oft nicht lückenlos. Das Wasser sucht sich dann seinen Weg durch Schwinden in die Tiefe.

Wasser

Wasser durchströmt in zahllosen Adern den Nationalpark. Eiskaltes, kristallklares Wasser ermöglicht eine Lebensvielfalt an Insekten, Lurchen, Fischen und Vögeln, die im oder am Wasser vorkommen.
Das Gebiet ist gesegnet mit Wasser, das reichlich vom Himmel fällt, durch Wald und Boden sickert und in sprudelnden Quellen wieder zutage tritt, geläutert durch unterirdische Räume.

Das Wasser hat die Landschaft des Nationalpark maßgeblich geformt:

Die tiefen Schluchten des Reichraminger Hintergebirges sind das Ergebnis der seit Jahrmillionen wirkenden Erosionskraft des Wassers. Riesige trichterförmige Senken im Boden, sogenannte Dolinen, oder scharfkantige Rillen im freigelegten Kalkstein des Sengsengebirges zeugen von Verkarstungsprozessen: Kohlensäure im Wasser löst kalkhaltiges Gestein auf.
Früher waren die Bäche des Nationalpark ein wichtiges Transportmittel für das geschlägerte Holz, vielfach aufgestaut durch hölzerne Dämme, die „Klausen". Heute sind die Klausen verfallen und die Bäche haben ihr natürliches Bett wieder eingenommen.

Quellen im Nationalpark Kalkalpen

Wie kaum anderswo hat austretendes Quellwasser, das anschließend plätschernd oder auch wild tosend zu Tale eilt, die Landschaft im Nationalpark Kalkalpen geformt. Tief im Fels existieren Klammen, Schluchten, Wasserfälle und Seen, deren Wasser laufend den Kalk aushöhlen. Kleine sprudelnde Quellen existieren ebenso wie Riesenquellen, deren Wasser bei heftigen Regenfällen meterweit aus den Schlünden gepresst wird. Diese Quellen aufzuspüren, zu dokumentieren und zu erforschen ist eine der Aufgaben des Nationalpark Kalkalpen.

Die Forschungsprogramme mit dem Thema „Quellen" im Nationalpark Kalkalpen umfassten vorerst die Aufnahme und Dokumentation der Quellen im Zuge einer Kartierung (1990-1994). Anschließend wurden in einem speziellen Karstprogramm von 1994 - 1998 sowie einer langzeitlichen Messkampagne seit 1994 in Form eines auch jetzt noch laufenden Quellmonitorings ausgewählte Quellen beprobt.
Wir wissen nun, dass das Nationalpark Gebiet rund 800 Quellen (mit einer mittleren Schüttung von mehr als 0,2 l/s) aufweist. Limnologisch dominiert hierbei der Typus der Fließquelle (Rheokrene), die sich eingebettet in einem alpinen Fichten-Tannen-Buchen-Mischwald befinden. Hydrologisch sind die Quellen durchwegs als Karst- bzw. Karbonat-Kluftquellen anzusprechen.
Das Quellwasser ist sauber, fast völlig frei von direkt vom Menschen verursachten Verunreinigungen – aber nach der österreichischen Trinkwasserverordnung noch lange kein Trinkwasser!
Weshalb ist das so?
Mikroorganismen, die Darmbewohner sind, gelangen über tierische oder menschliche Ausscheidungen in den Boden. Beim Versickern mit der Feuchtigkeit der Niederschläge, gelangen sie in die unterirdischen, oft weitverzweigten Gewässersysteme. Dort können sie – im Untergrund – nicht lange überleben. Reicht aber die Verweilzeit im Gestein nicht aus, wie es bei vielen unserer Karstquellen der Fall ist, werden viele überlebende Bakterien wieder ausgeschwemmt.
Diese Verkeimung des Wassers ist natürlich – und für die Natur auch kein Problem. Für die Trinkwasserversorger hingegen schon – Trinkwasser muss den vorgeschriebenen Grenzwerten entsprechen, um Risiken für den Menschen auszuschalten!

Weitere Informationen unter: www.kalkalpen.at

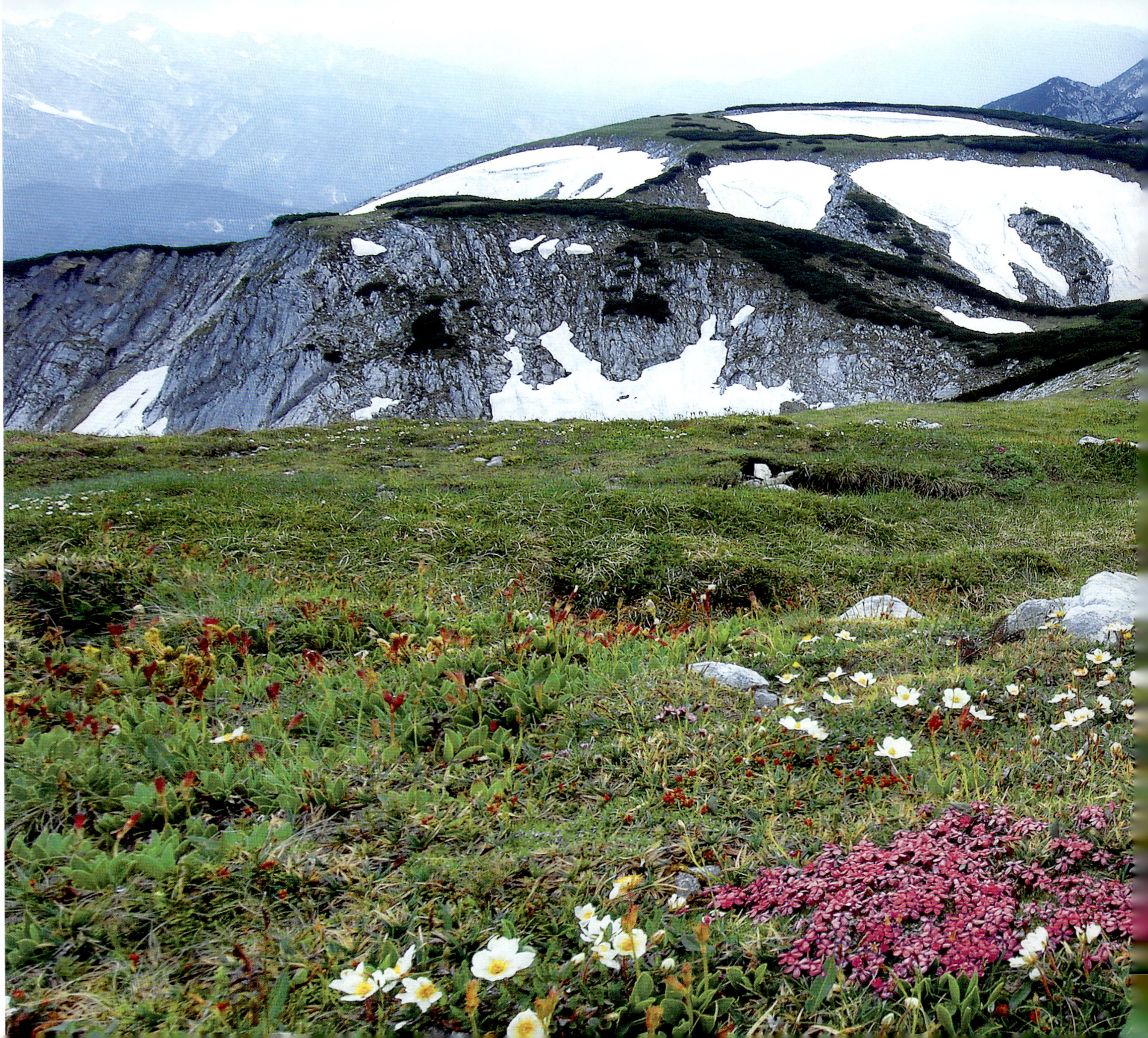

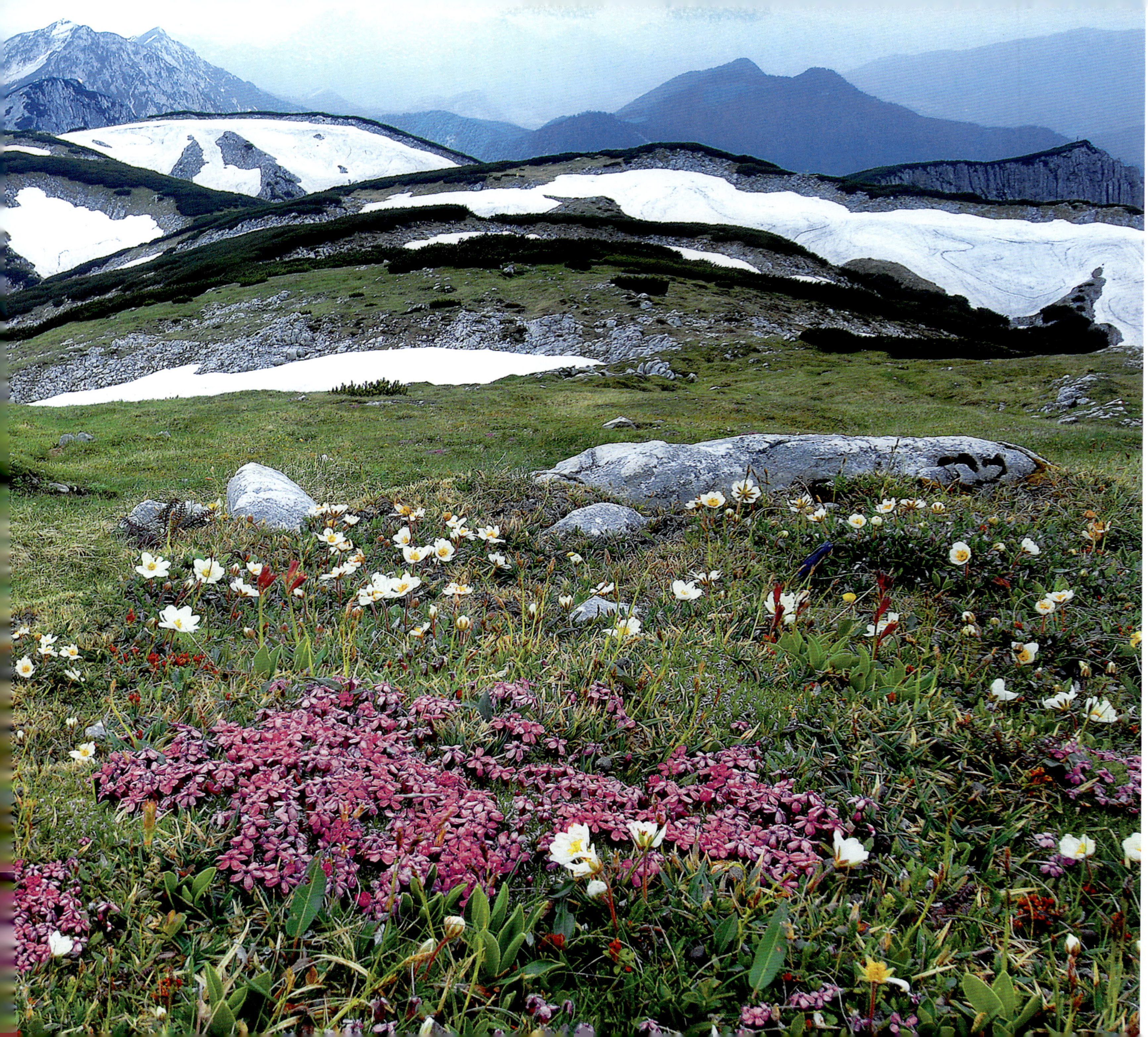

Vorhergehende Doppelseite: Mit 1.963 m ist der Hohe Nock der höchste Gipfel im Nationalpark Kalkalpen. Auf diesem Hochplateau zeigen sich Stängelloses Leimkraut (*Silene acaulis*), Silberwurz (*Dryas octopetala*) und Enzian (*Gentiana clusii*) von ihrer schönsten Seite.

Der tagaktive C-Falter (*Polygonia c-album*) gehört zur Familie der Edelfalter (*Nymphalidae*).

Das Tagpfauenauge (*Inachis Io*) fliegt jährlich in zwei Generationen. Nach der Überwinterung können die Falter bereits von März bis Mai beobachtet werden.

Der Große Feichtausee, eigentlich ein großer Quelltümpel, wird von Lawinen und Felsstürzen immer mehr zugeschüttet.

Auch der Kleine Feichtausee ist nur mehr eine seichte, sommerwarme Regenwasserlacke zwischen großen Felstrümmern.

Blick vom Hohen Nock in die nördlichen Abgründe der mächtigen geologischen Faltung. Das bis knapp 2.000 m aufragende Massiv besteht aus verkarstetem Wettersteinkalk der Mitteltrias, der wie eine erstarrte Brandungswelle gegen Norden senkrecht abstürzt.

Flüchtende Gämse (*Rupicapra rupicapra*).

Der seltene Alpenbockkäfer (*Rosalia alpina*) benötigt für seine mehrjährige Entwicklung altes Buchenholz.

Wissenschaftlich werden Baumpilze als lignicole Pilze bezeichnet. Diese leben saproparasitisch sowohl in lebendem als auch in abgestorbenem Holz, im sogenannten Totholz.

Wald-Sauerklee oder Gewöhnlicher Sauerklee
(*Oxalis acetosella*)

Der Widerbart (*Epipogium aphyllum*) zählt zu den seltenen und gefährdeten Orchideen.

Stehendes und liegendes Totholz ist ein wesentlicher Bestandteil von naturnahen Wäldern. Es ist nicht nur ein wichtiger Lebensraum, sondern bildet auch die Nahrungsgrundlage für verschiedenste Organismen - von Bakterien über Pilze bis hin zu unzähligen Insekten und Wirbeltieren.

Der größte europäische Hühnervogel, der Auerhahn (*Tetrao urogallus*) zählt zu den besonders gefährdeten Brutvögeln. Während der Balz kann die Begegnung mit „narrischen Hahnen" zum Erlebnis werden, wenn wie im Bild nebenan der balzende Gockel völlig die Scheu vor dem Menschen verliert. So mancher tollkühne Fotograf musste die Flucht vor dem Schnabel des imposanten, ungestüm herantobenden Vogel ergreifen. Diese Irritation tritt nur in zu kleinen Beständen auf. Der Hahn greift mangels würdiger Gegner alles an, was sich bewegt.

Wasser durchströmt in zahllosen Adern den Nationalpark Kalkalpen. Eiskaltes, kristallklares Wasser ermöglicht eine Lebensvielfalt an Insekten, Amphibien, Fischen und Vögeln, die im oder am Wasser leben. Wasser hat die Landschaft des Nationalparks maßgeblich geformt. Die tiefen Schluchten des Reichraminger Hintergebirges sind das Ergebnis der seit Jahrmillionen wirkenden Erosionskraft des Wassers.

Der Schleierfall zählt zu den schönsten Wasserfällen im Nationalpark Kalkalpen.

Spätes Brand-Knabenkraut
(*Orchis ustulata ssp. aestivalis*)

Spätes Brand-Knabenkraut (*Orchis ustulata var. albiflora*)
Farbvariante. Diese sehr seltene Orchidee wurde erstmals im
Jahr 2003 im Nationalpark Kalkalpen entdeckt.

Kriechendes Netzblatt
(*Goodyera repens*)

Korallenwurz
(*Corallorrhiza trifida*)

„Zwillinge" - Wasseramseln (*Cinclus cinclus*) sind die einzigen Singvögel, die nicht nur gut schwimmen, sondern auch sehr geschickt tauchen können. Das Brutgeschäft beginnt schon zeitig im Frühjahr, oftmals bereits im Februar. Nicht selten wird das Nest hinter einem Wasserfall angelegt, so dass die Vögel auf dem Weg zum Nest durch den Wasservorhang fliegen müssen.

Der Höhlenbach der mächtigen Rettenbachquelle.

Der Weißrückenspecht (*Dendrocopos leucotos*) ist der größte der schwarzweißen Spechte. Er ist stämmiger als der Buntspecht und hat einen längeren Schnabel, zudem fehlt ihm der große weiße Schulterfleck. Er brütet in urwaldartigen Mischwäldern mit hohem Anteil an absterbenden und toten Bäumen, in die er seine Bruthöhle zimmert.

Der Habichtskauz (*Strix uralensis*) bevorzugt strukturreiche Mischwälder mit hohem Altholzanteil sowie Lichtungen und Kahlschläge.

Auch im Nationalpark Kalkalpen ist der Rothirsch (*Cervus elaphus*) tagsüber nur mehr selten zu beobachten.

Am Weg zu den Feichtauseen.

202

Der Nationalpark Kalkalpen ist ein Wald-Nationalpark. Vier Fünftel der Fläche ist mit Wald bedeckt. Dominierender Waldtyp ist der Fichten-Tannen-Buchenwald. In tieferen Lagen herrscht die Buche vor, während in der montanen Stufe Tannen und Fichten neben den Buchen bestandesbildend sind.

Strukturen an Rinde und Totholz.

Der Kiefernschwärmer (*Hyloicus pinastri*) ist ein Nachtfalter aus der Familie der Schwärmer (*Sphingidae*). Tagsüber sitzen die Falter meist ausgezeichnet getarnt an den Stämmen älterer Kiefern.

Auch der Totenkopfschwärmer (*Acherontia atropos*) gehört zu den Nachtfaltern und zur Familie der Schwärmer. Die Falter ernähren sich von Honig, den sie direkt aus den Bienenstöcken holen.

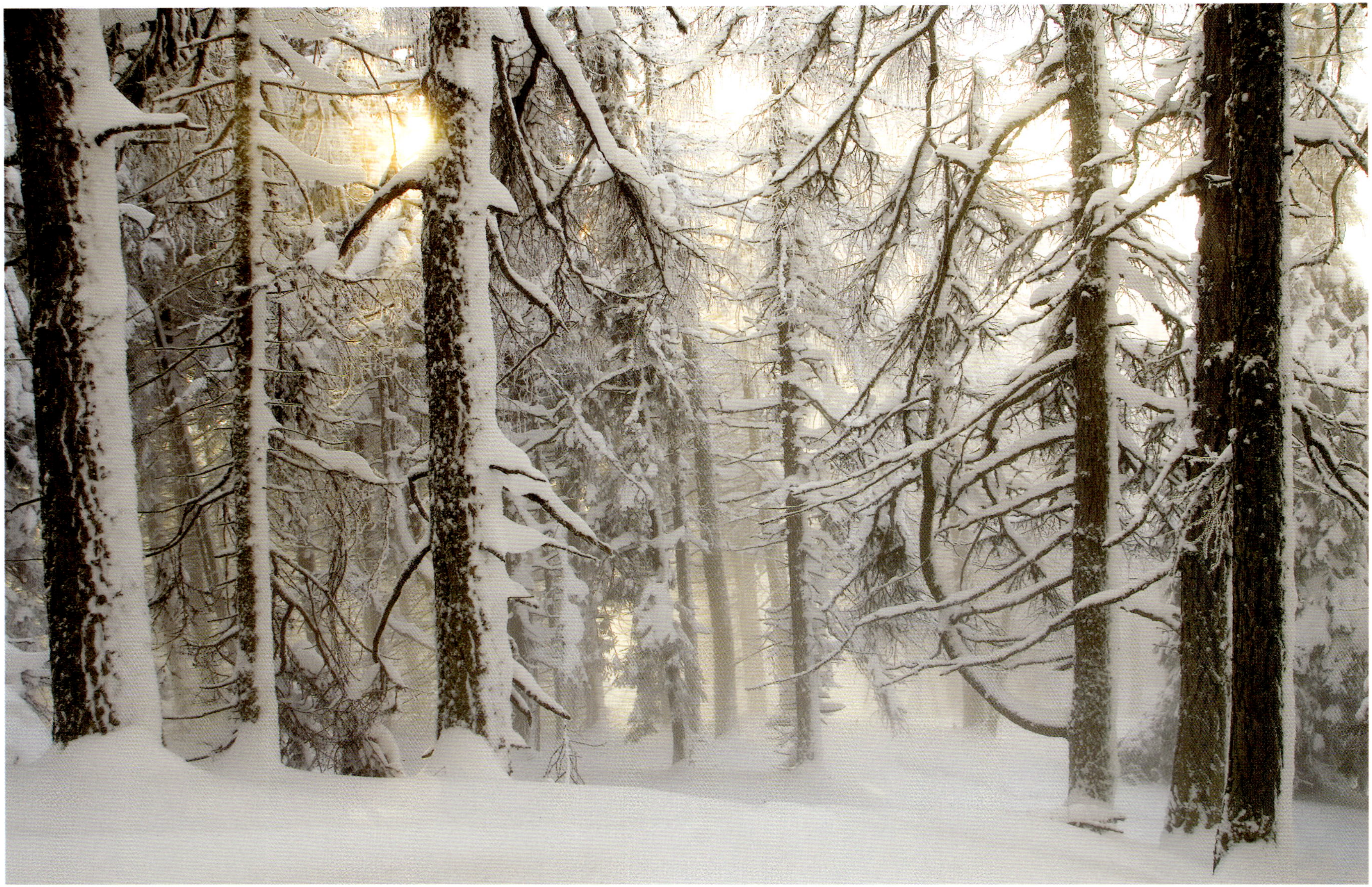

Das Haselhuhn (*Bonasa bonasia*) ist erfreulicherweise nicht so selten, dennoch ist es schwer zu entdecken.

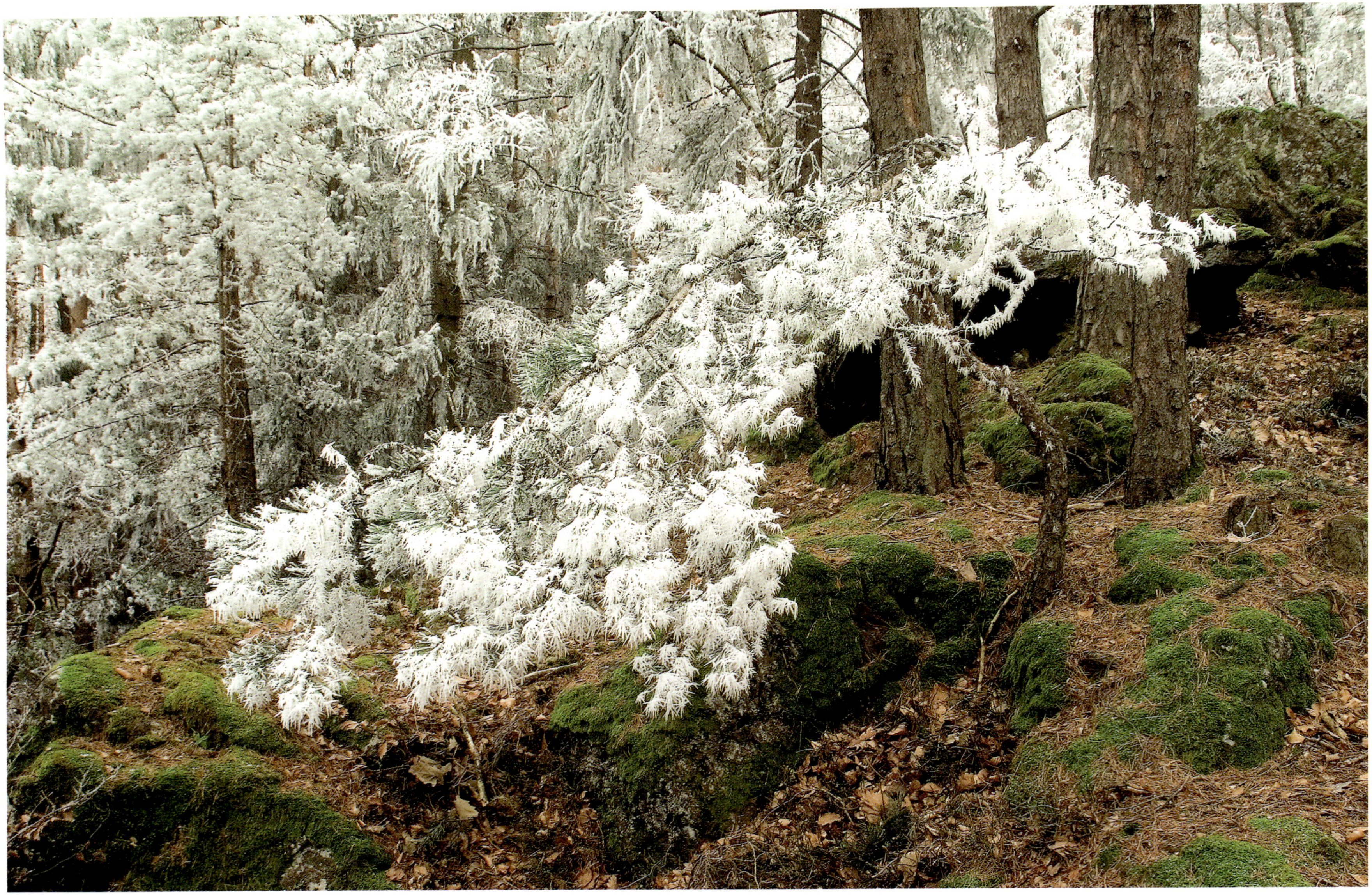

Wintereinbruch im Oktober.

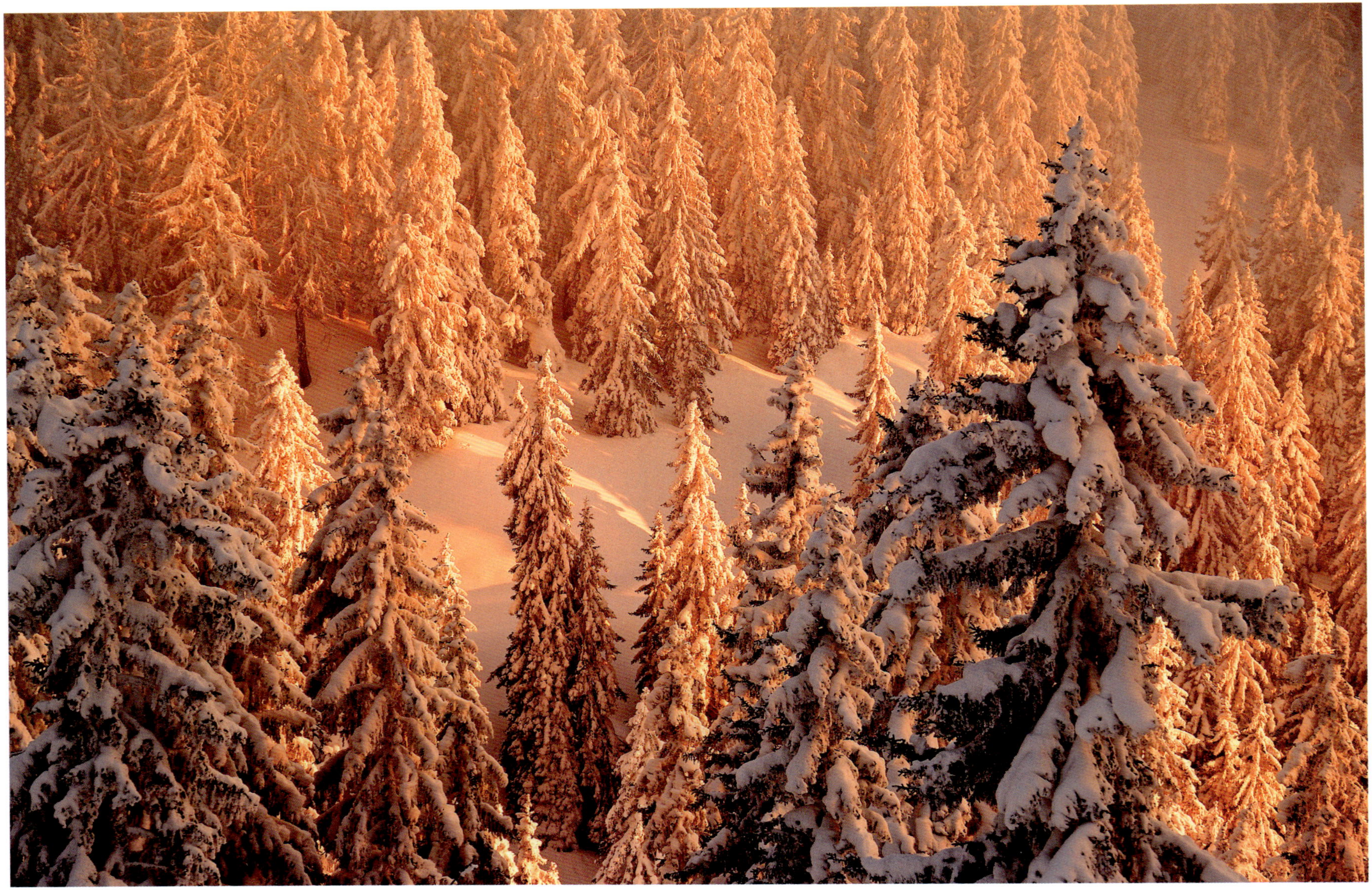

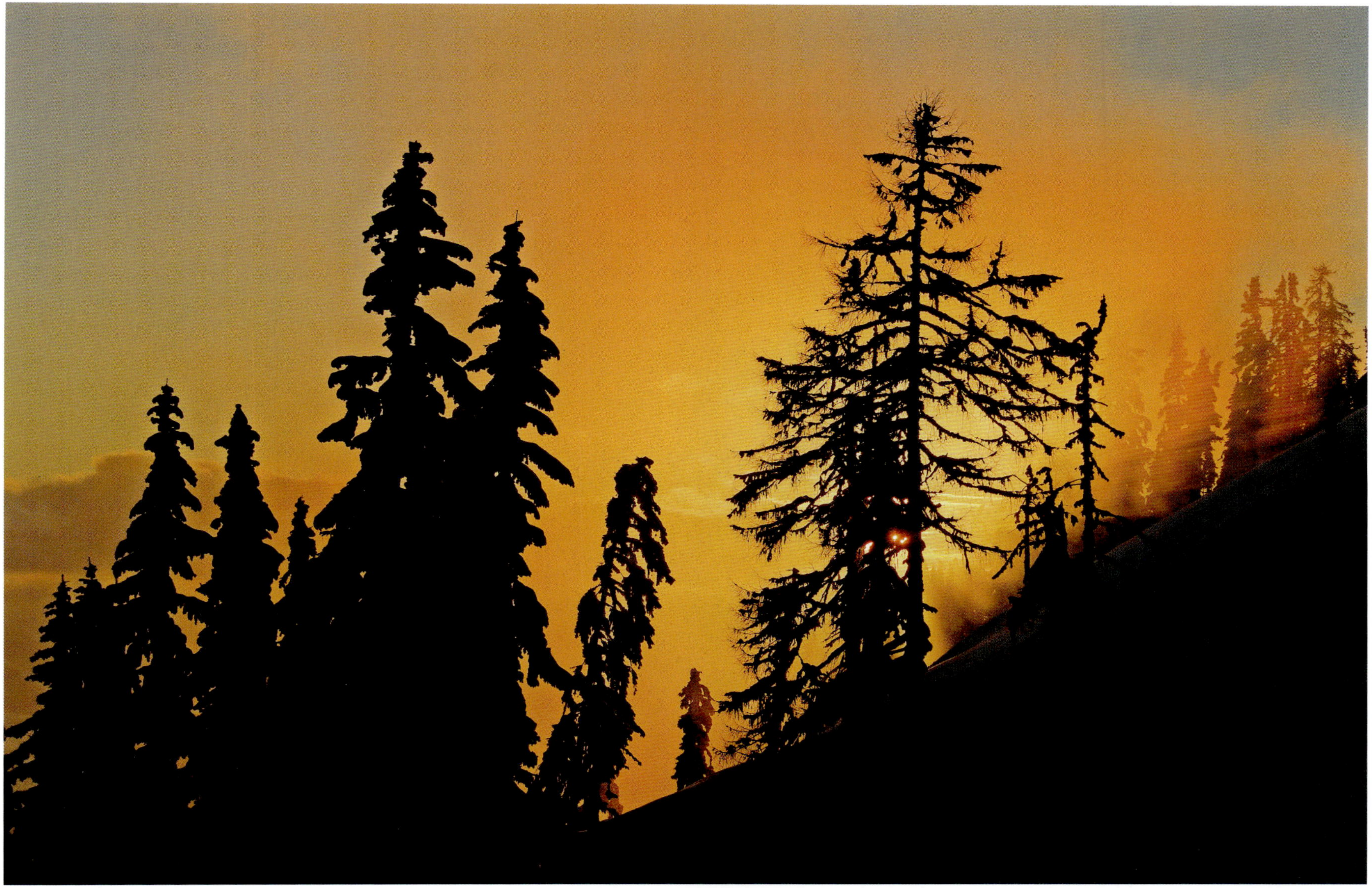

NATIONALPARK Thayatal

Der Zauber des Thayatales bei Hardegg liegt darin, dass auf relativ kleinem Raum eine besonders hohe Anzahl verschiedener Pflanzen, Tiere und Lebensräume zu finden ist. Der Grund dafür ist in der besonderen Geologie und Geomorphologie zu suchen. Entlang der stark gewundenen Flussschlingen weist jeder Hang eine andere Exposition auf. Die physikalischen Faktoren bewirken hier eine enge Nachbarschaft verschiedenster Lebensräume.
In anderen Landschaften Österreichs muss eine größere Distanz zurückgelegt werden, damit sich das Waldbild wesentlich ändert. Im Thayatal reicht es manchmal, einfach den Flussschlingen zu folgen, und schon sieht der Wald ganz anders aus.

Der Nationalpark Thayatal umfaßt 1.330 ha (ca. 13 km²) des Thayatales bei Hardegg und ist somit der kleinste Nationalpark Österreichs. Die Thaya bildet hier auf einer Länge von 26 km die Staatsgrenze.
Der Nationalpark ist grenzüberschreitend, am linken (nördlichen) Ufer des Flusses existiert in Tschechien seit 1991 der 6.300 ha große Národní park Podyjí. In Tschechien erstreckt sich der Nationalpark zwischen Frain und Znaim entlang einer Flusslänge von 45 km.

Der Nationalpark Thayatal besteht zu 90% aus Wald.
Aufgrund der Grenzlage und der Unzugänglichkeit des Tales blieben diese Wälder von forstlichen Umwandlungsmaßnahmen weitgehend verschont. Die Wiesen wurden als Managementzone ausgewiesen.
Nur durch die regelmäßige Mahd können diese Flächen vor dem Zuwachsen bewahrt bleiben.
Die Mahd in Absprache mit der Nationalparkverwaltung sichert das Vorkommen der seltenen Wiesenflora und Fauna.
Über 90% der Fläche gehören zur streng geschützten Naturzone (Kernzone), in der jeder wirtschaftliche Eingriff in den Naturraum verboten ist.

Im Nationalpark Thayatal zählen nicht die spektakulären Dinge. Im kleinsten Nationalpark Österreichs fehlen hohe Berge und große Tiere. Und trotzdem gehören das Thayatal und sein Nachbar, der tschechische Národní park Podyjí, zu den artenreichsten Schutzgebieten Mitteleuropas.

Erst vor wenigen Jahren wurde die forstliche Nutzung der Wälder eingestellt, aber schon sieht man erste Erfolge. Aus den Natur belassenen Wäldern verschwinden dunkle Nadelbäume und machen den heimischen, das Licht liebenden Laubhölzern Platz. Wiesen werden nur mehr gemäht, um eine Bewaldung zu verhindern und so den vielen Insekten, Schmetterlingen und Käfern, Lebensraum zu geben.

Die Entwicklung beobachten und Eingriffe ganz gering zu halten, das ist das oberste Prinzip der Nationalparkverwaltung.
Jetzt entdeckt man wieder häufiger Spuren des Fischotters, der Schwarzstorch flüchtet nicht mehr beim ersten Geräusch und erst jüngst wurde die Wildkatze erstmals seit Jahrzehnten wieder in Österreich nachgewiesen - im Nationalpark Thayatal.

Schauen und Störungen gering halten, das gilt auch für Besucher. Da vergisst selbst die Smaragdeidechse auf Brautschau den stillen Beobachter. Dann wird das Thayatal zum kleinen Universum. Live. Und zwar zu jeder Jahreszeit. Im Winter ist das Tal so still, dass man den Schnee fallen hören kann. Jetzt ist der Seeadler da, als Wintergast auf Futtersuche an der eisfreien Thaya. Doch bald schon setzt der Gesang der Vögel ein, die im Frühling ihre Nistplätze vorbereiten, wo nächstens die Jungvögel aus ihren Eiern schlüpfen werden.

An heißen Sommertagen ist das Tal erfrischend kühl. Die dunklen Wälder und das kalte Wasser der Thaya machen den Aufenthalt angenehm. An sonnigen steinigen Ufern liegen die Äskulapnattern, um sich zu wärmen. Auf den Wiesen herrscht ein Gesumme, wenn Insekten von Blüte zu Blüte fliegen. Mit den ersten kühlen Nächten beginnt eine Herbstverfärbung, die im Thayatal besonders prächtig ist. Mitte Oktober scheinen die Wälder zu brennen, so gelb, rot und violett leuchten die Blätter.

Weitere Informationen unter: www.np-thayatal.at

Fruchtstände der Gewöhnlichen Kuhschelle im letzten Abendlicht.

Die Gewöhnliche Kuhschelle (P*ulsatilla vulgaris*), auch Gewöhnliche Küchenschelle genannt, ist eine Pflanzenart aus der Familie der Hahnenfußgewächse (*Ranunculaceae*). Sie ist eng mit der Großen Kuhschelle (*Pulsatilla grandis*) verwandt, die manchmal als Unterart der Gewöhnlichen Kuhschelle betrachtet wird. (Mehrfachbelichtung)

Wenige Frühlingswochen lang beherrscht der Bärlauch (*Allium ursinum*) die Wälder im Nationalpark Thayatal.

Bei Windstille zeigt sich die Thaya von ihrer schönsten Seite.

Beim Schwarzen Apollo (*Parnassius mnemosyne*) sind die Weibchen nach der Paarung durch eine aus Chitin gebildete Begattungstasche am Hinterleib gekennzeichnet.

Diptam
(*Dictamnus albus*)

Die Gottesanbeterin (*Mantis religiosa*) lauert im Gras oder Gebüsch auf vorbeikommende Beutetiere wie Fliegen oder Grashüpfer, die sie mit ihren stark bedornten Fangbeinen blitzschnell ergreift.

Becher-Azurjungfer
(*Enallagma cyathigerum*)

Als botanische Rarität ist die im Nationalpark Thayatal noch häufig vorkommende Bunte Schwertlilie (*Iris variegata*) zu betrachten. Sie wächst auf den Trockenrasen und Felsfluren hoch über der Thaya.

Die Thaya, selbst mit ihrem relativ hohen Gefälle von durchschnittlich 1,20 m/km, dem periodischen Wechsel zwischen rasch strömenden, blockdurchsetzten Abschnitten und trägen, dahinströmenden Bereichen ist das Musterbeispiel eines naturnahen Flusslaufes.

Der Türkenbund (*Lilium martagon*), oder auch Türkenbund-Lilie, ist eine Pflanzenart aus der Gattung der Lilien. Er verströmt besonders abends und auch nachts einen schweren, süßen Duft, der vor allem langrüsselige Schmetterlinge, wie zum Beispiel Schwärmer (*Sphingidae*) anlockt. Taubenschwänzchen (*Macroglossum stellatarum*) und die Schwärmer der Gattung Sphinx zählen zu den Hauptbestäubern.

Der Echte Seidelbast (*Daphne mezereum*), auch Gewöhnlicher Seidelbast oder Kellerhals genannt. Die ganze Pflanze ist durch Daphnin, Mezerein und Daphnetoxin stark giftig. Bachstelzen und Drosseln sind gegen das giftige Fruchtfleisch anscheinend immun und speien die Steinkerne wieder aus. Sie tragen dadurch zur Verbreitung bei.

Nach etwa 2 Monaten verlassen die Rotfuchswelpen (*Vulpes vulpes*) den Bau. In dieser Phase spielen sie intensiv, wobei alle für die erfolgreiche Jagd wichtigen Bewegungsweisen geübt werden.

Der Schwarzstorch (*Ciconia nigra*) kehrt ab Mitte März aus seinem afrikanischen Winterquartier ins Thayatal zurück. An günstigen Stellen kreisen die auffälligen Vögel im warmen Aufwind hoch hinauf und gleiten in elegantem Segelflug über die Thayaschlingen hinweg. Besonders häufig sind sie in der Thaya bei der Nahrungssuche im Bereich des Umlaufberges zu beobachten.

Unmittelbar vor dem abfliegenden Schwarzstorch überquert ein junger Rehbock (*Capreolus capreolus*) die Thaya.

Der Frauenschuh (*Cypripedium calceolus*) ist eine der prächtigsten wildwachsenden Orchideenarten Europas und steht in allen Ländern unter strengstem Schutz. (Mehrfachbelichtung)

Der Buntspecht (*Dendrocopos major*) ist die am weitesten verbreitete Spechtart und außerdem derjenige Specht, den man in den meisten Teilen Europas am häufigsten sieht und hört.

Der Rote Fingerhut (*Digitalis purpurea*) ist ideal für die Bestäubung durch Honigbienen eingerichtet. Der vorstehende untere Teil der Blütenglocke dient als Landeplattform und wenn das Insekt zum Nektar vordringt, streift es die Staubgefäße mit dem Rücken, so dass der Pollen dort abgeladen werden kann. Der Rote Fingerhut ist in allen Bestandteilen hochgiftig. Bereits der Verzehr von zwei Blättern kann zu einer tödlichen Vergiftung führen.

Ohne die umtriebigen Bienen, in diesem Fall die westliche Honigbiene (*Apis mellifera*) wäre es um die Bestäubung im zeitigen Frühjahr traurig bestellt!

Grünspechte (*Picus viridis*) suchen ihre Nahrung oft auf dem Boden und ernähren sich von Ameisen oder deren Puppen.

Schwanzmeisen (*Aegithalos caudatus*) können sehr gut klettern. Dazu befähigt sie das geringe Gewicht, die langen Beine und der als Balancierstange eingesetzte Schwanz.

Die Kohlmeise (*Parus major*) ist die größte Meise Mitteleuropas. In Siedlungen, auch in den Zentren von Großstädten ist die Kohlmeise vielerorts die häufigste Vogelart überhaupt.

Der Schwarzspecht (*Dryocopus martius*) ist der größte heimische Specht.

Mit etwas Glück kann man den Fischotter im Nationalpark Thayatal auch tagsüber beobachten und fotografieren.

Fischotter (*Lutra lutra*) gehören zur Familie der Marder und haben sich, wie ihr Name verrät, auf Fische als Hauptbeute spezialisiert. Sie fressen aber auch Krebse, Wasserinsekten und Amphibien aller Art. In Fließgewässern jagen sie gegen die Strömung, anders hätten sie keine Chance. Das dichte Fell des Fischotters bildet einen Luftpolster und dient dem Wärmeschutz im kalten Wasser.

Die Spargelerbse (*Lotus maritimus*), auch Spargelklee oder Spargelbohne genannt, ist ein in Mitteleuropa zerstreut bis selten vorkommender Vertreter der Schmetterlingsblütler (*Faboideae*).

Porträt einer Schmetterlingsraupe.

Mit seinem kräftigen Körperbau ist der Uhu (*Bubo bubo*) die größte Eulenart weltweit. Zum Brüten bevorzugt er felsiges Gelände bzw. Steinbrüche mit Höhlungen oder Nischen, die vor Regen geschützt sind und freie Anflugmöglichkeiten aufweisen. Der Uhu ernährt sich zu einem wesentlichen Anteil von Mäusen und Ratten. In geringerem Maße erbeutet er auch Krähen, Tauben sowie Greifvögel und andere Eulenarten, speziell Waldkäuze und Waldohreulen.

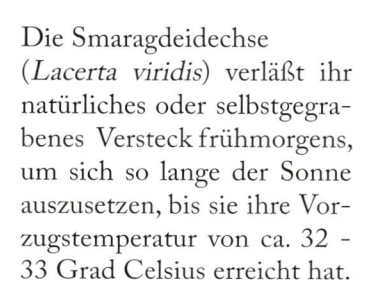

Die Smaragdeidechse (*Lacerta viridis*) verläßt ihr natürliches oder selbstgegrabenes Versteck frühmorgens, um sich so lange der Sonne auszusetzen, bis sie ihre Vorzugstemperatur von ca. 32 - 33 Grad Celsius erreicht hat.

Die Thayaschlinge im Bereich des Umlaufberges.

Der Nationalpark Thayatal besteht zu 90% aus Wald. Aufgrund der Grenzlage und der Unzugänglichkeit des Tales blieben diese Wälder von forstlichen Umwandlungsmaßnahmen weitgehend verschont.

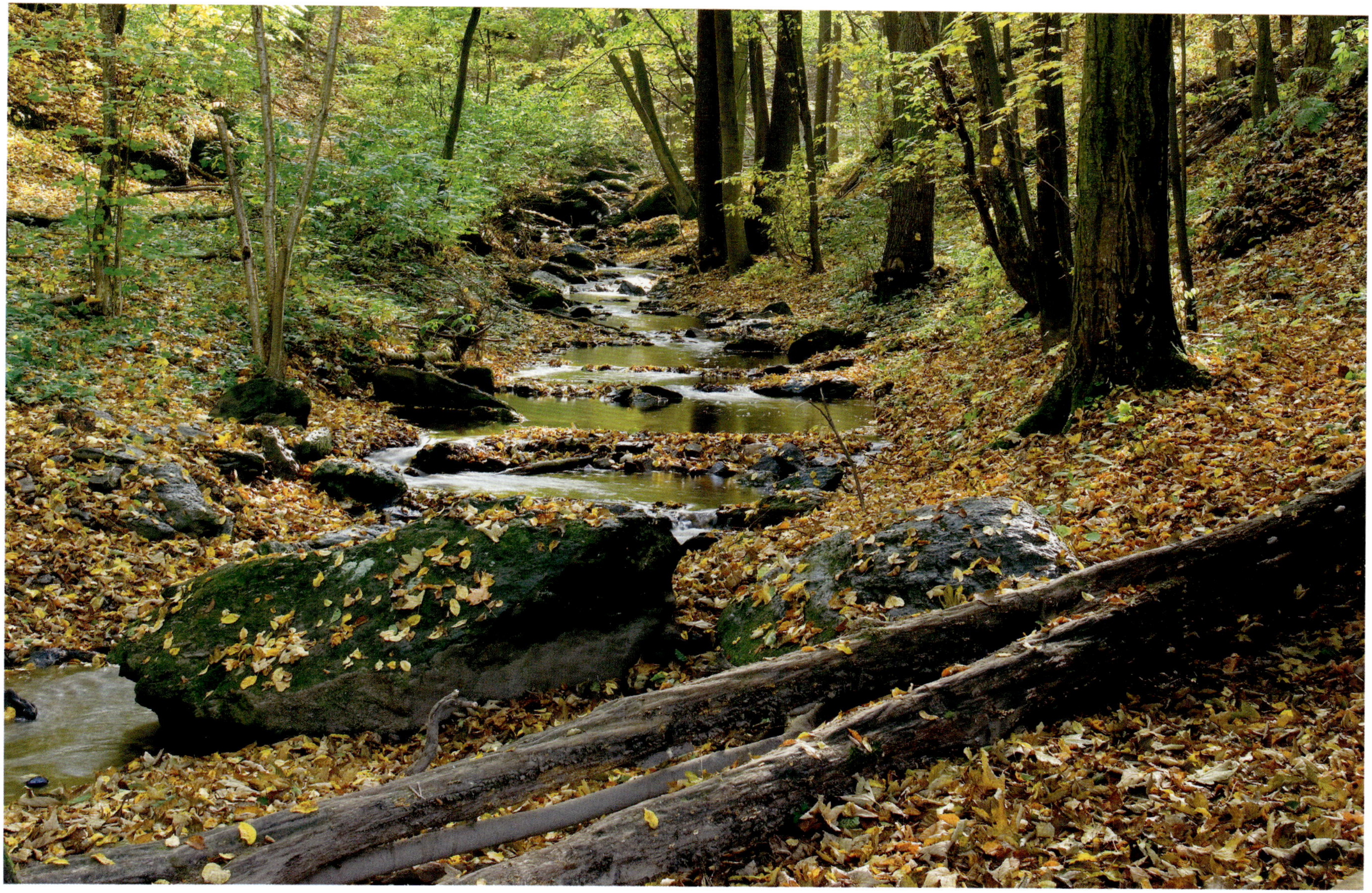

Ein Hauch Ostasien kommt mit der Mandarinente (*Aix galericulata*) ins europäische Gefilde. Diese prächtige Entenart wurde schon früh nach Europa eingeführt. Paarweise und in kleinen Trupps leben Mandarinenten an abgelegenen Waldseen und bewaldeten Flussabschnitten.

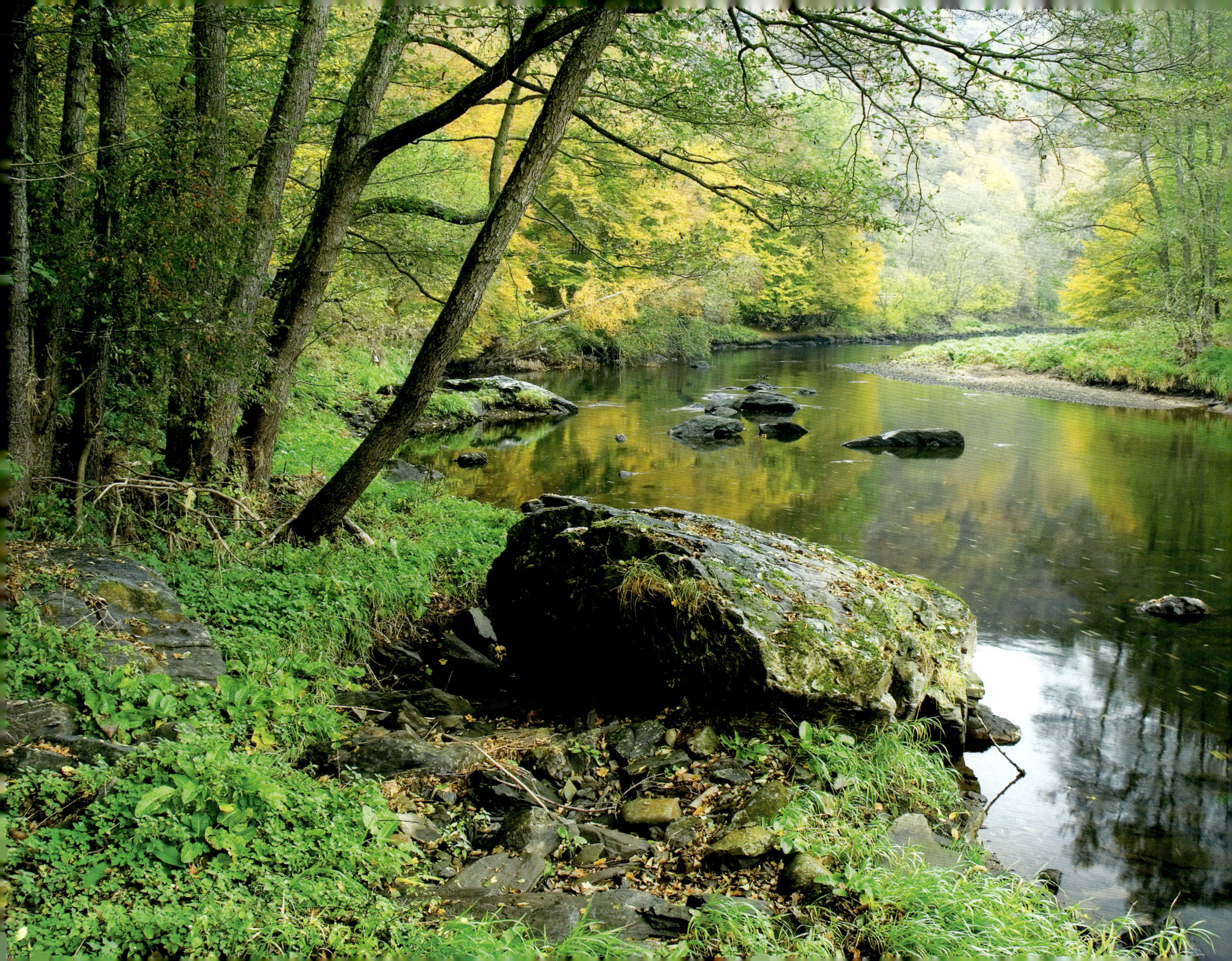

Blockdurchsetzte Strömungsabschnitte der Thaya stellen abwechslungs- und sauerstoffreiche Fischlebensräume dar.

Beim Feuersalamander (*Salamandra salamandra*) schützt ein giftiges Hautsekret die Tiere vor Feinden. Bemerkenswert ist auch die Fortpflanzung. Die Eier entwickeln sich nach der Befruchtung im Mutterleib. Die schon gut entwickelten Larven werden dann meist in Waldbächen abgesetzt.

Das malerische, in das Urgestein der „Böhmischen Masse" eingeschnittene Tal der Thaya mit seinen gewundenen Seitenbachtälern weist die letzten Reste einst ausgedehnter ursprünglicher Buchen- und Eichenmischwälder auf, in denen sich eine faszinierende Tier- und Pflanzenwelt erhalten hat.

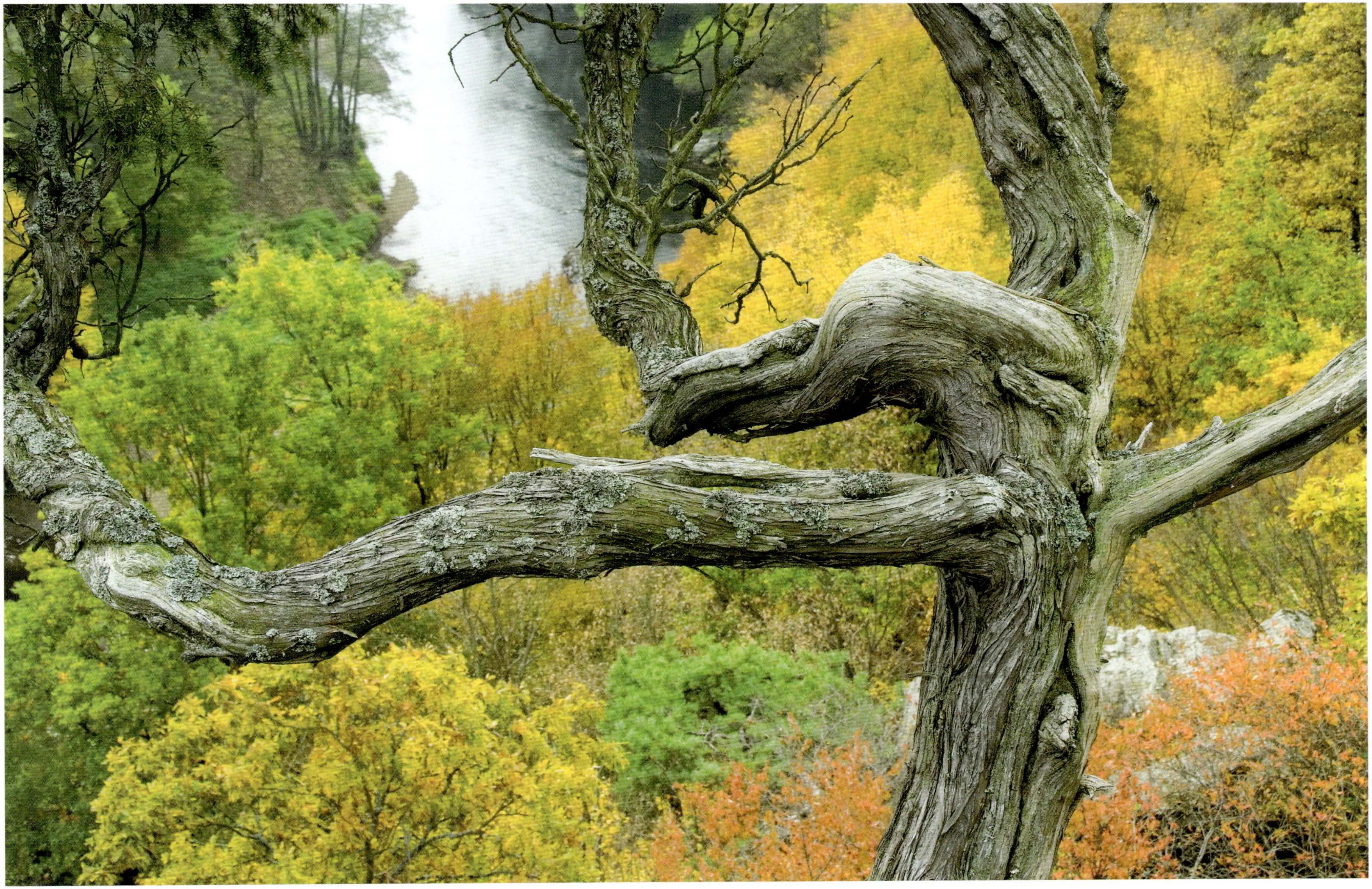

Wanderfalken (*Falco peregrinus*) ernähren sich fast ausschließlich von Vögeln. Star, Drossel, Taube oder Krähe werden am häufigsten geschlagen. Vor dem Stoß auf die Beute beschleunigen die Falken mit kräftigen Flügelschlägen und können von oben mit angelegten Flügeln herabstürzend für Sekunden weit über 200 km pro Stunde erreichen. Wanderfalken zählen nach wie vor zu den gefährdeten Brutvögeln Europas.

Erstmals seit über 30 Jahren konnte das Vorkommen der Wildkatze (*Felis silvestris*) im Osten Österreichs eindeutig nachgewiesen werden. Das ist ein weiterer Beweis, das Schutzgebiete allgemein und der Nationalpark Thayatal im Besonderen den Bestand gefährdeter Arten sichern und so einen unschätzbaren Beitrag zur Erhaltung der Artenvielfalt leisten.

Für die wissenschaftliche Beratung und Unterstützung bedanken wir uns sehr herzlich bei Herrn DI Werner Franek, Frau Mag. Dr. Lisbeth Zechner, MSc, Herrn Ing. Andreas Hollinger, Herrn Mag. MSc Daniel Kreiner, Herrn Dr. Karl Adlbauer, Herrn Dipl. Päd. Herbert Kerschbaumsteiner, Frau Mag. Brigitte Komposch, Herrn Norbert Pühringer, Herrn Kurt Redl, Herrn Markus Russ.

Sämtliche Aufnahmen in diesem Bildband wurden mit Nikon-Spiegelreflexkameras gemacht (Nikon F5, Nikon D2X, D2XS, D3, D200, D300). Von den Nikkor-Objektiven wurde fast die gesamte Produktpalette eingesetzt, und zwar überwiegend: AF DX Fisheye-NIKKOR 10,5 mm 1:2,8G ED, AF-S DX Zoom-NIKKOR 12-24 mm 1:4G IF-ED, AF-S DX VR Zoom-NIKKOR 18-200 mm 1:3,5-5,6G IF-ED, AF-S VR Zoom-NIKKOR 70-200 mm 1:2,8G IF-ED, AF-S VR Zoom-NIKKOR 200-400 mm 1:4G IF-ED, AF-S NIKKOR 300 mm 1:4D IF-ED, AF-S VR NIKKOR 600 mm 1:4G ED, AF Micro-NIKKOR 200 mm 1:4D IF-ED, sowie Telekonverter TC-14E II, Telekonverter TC-17E II und Telekonverter TC-20E II.

Dieses Equipment hat sehr viel dazu beigetragen, unsere Bilder in dieser hohen Qualität, Brillanz und Schärfe darzustellen.

Nikon NPS | Nikon Professional Services

© 2008 Verlag MAREK & NEFFE Ges.n.b.R.
A-8942 Wörschach, Waldweg 299

herfried.marek@aon.at
ewald.neffe@aon.at

Alle Rechte vorbehalten

Kein Teil des Werkes darf in irgendeiner Form (durch Druck, Fotokopie, Mikroskopie oder ein anderes Verfahren) ohne schriftliche Genehmigung des Verlages reproduziert oder unter Verwendung elektronischer Systeme verarbeitet, vervielfältigt oder verbreitet werden.

Grafikdesign und Produktion: Ewald Neffe, A-8181 St. Ruprecht/Raab, Raaballee 284
Text: Herfried Marek, A-8942 Wörschach, Waldweg 299
Druck: Gorenjski Tisk, Kranj - Slowenien

ISBN 3-9501573-5-2